Adrian Arnold

Pierre Bourdieu's Theorie als sozialstrukturelle Ungleichheitsanalyse

Die Begriffe Kapital, "Klasse", Habitus und ihre Anwendung

GRIN Verlag

Bibliografische Information der Deutschen Nationalbibliothek:

Die Deutsche Bibliothek verzeichnet diese Publikation in der Deutschen National-
bibliografie; detaillierte bibliografische Daten sind im Internet über http://dnb.d-
nb.de/ abrufbar.

Impressum:

Copyright © 2004 GRIN Verlag GmbH
Druck und Bindung: Books on Demand GmbH, Norderstedt Germany
ISBN: 978-3-640-55049-4

Dieses Buch bei GRIN:

http://www.grin.com/de/e-book/60092/pierre-bourdieu-s-theorie-als-sozialstruktu-
relle-ungleichheitsanalyse

Universität Bielefeld

Fakultät für Soziologie *Sozialstrukturanalyse*

WS 2003/2004

Hausarbeit

Pierre Bourdieu' s Theorie als sozialstrukturelle Ungleichheitsanalyse – Die Begriffe Kapital,"Klasse", Habitus und ihre Anwendung.

<u>Seminar</u>: *Klasse und Schicht oder Milieu und Lebensstil?*
Fachbereich: Sozialstrukturanalyse

<u>Verfasser</u>:
Adrian Arnold,
9. FS, Dipl. Soziologie
Eingereicht: 2004

INHALTSVERZEICHNIS

Einleitung

Bourdieu gilt als einer der großen Namen in der Ungleichheitsforschung der jüngsten Zeit. Das liegt sicher auch an seinem Anspruch, ein umfassenderes Konzept zu liefern als Mikrotheorien. Gerhard Schulze z.B., oder Stefan Hradil stehen in einer induktiv-empirischen Tradition der Nachkriegszeit, die wohl prägend, wenn auch nicht allein dominierend für die deutsche Sozialstrukturanalyse war. Inwiefern Bourdieu' s Ansprüche der Überwindung oder Integration von individuenzentrierten Mikrotheorien (z.B. E. Goffman) mittels einer universelleren Theorie gerecht wurden, ist hier aber nicht von Belang.

Von eigentlicher Bedeutung ist vielmehr die zunächst deskriptive Darstellung der Begriffe Kapital, Habitus und "Klasse" in ihrem Kontext der Bourdieu' schen Gesellschaftstheorie. Zweitens jedoch soll untersucht werden, wie diese Begriffe einer Ungleichheitsanalyse dienen und dienen könnten. D.h.: wie weit und inwiefern kann eine Anwendung dieser drei zentralen Bausteine erfolgen. Die Quellen, um dieser Doppelfragestellung nachzugehen, setzen sich hauptsächlich aus der Literatur Bourdieu' s zusammen.

Das Werk *Die feinen Unterschiede* ist dabei lediglich einer meiner Quellen, weil es die erste Fragestellung nur indirekt abdecken kann, wohl aber die zweite. Wichtig war *Zur Soziologie der symbolischen Formen*, um die Erkenntnismethodik Bourdieu' s zu umreißen und auch um im Hauptteil einiges zu ergänzen. Natürlich kann kein vollständiger Zugang zu Bourdieu' s Erkenntnismethode gegeben werden. Andere Bausteine, wie die Transformationen sozialer Strukturen, die damit verbundene Kontinuität bzw. Diskontinuität u. a. haben hier keinen Platz, weil sie nicht direkt nötig sind, um der Frage nach der Anwendung der Bourdieu' schen Begriffe als Ungleichheitsanalyse nachzugehen. Stattdessen müssen diejenigen zentralen Elemente der Methodik eingeführt werden, welche im engen Zusammenhang mit der Fragestellung stehen.

Um die Kapitalien darzulegen, war *Ökonomisches Kapital, kulturelles Kapital, soziales Kapital* (1983) sehr grundlegend. Nach der prinzipiellen Erläuterung der Begriffe soll unter Punkt II. 2.) dann die Anwendung auf die Ungleichheitsforschung erfolgen, wobei eine enge Orientierung an der Sozialtheorie Bourdieu' s maßgebend war. Eine kreative Projektion von *Habitus, Kapital und "Klasse"* auf völlig neuartige Beschreibungswege von Ungleichheit war dabei nicht das Ziel. Auch deshalb, weil das Gesamtkonzept Bourdieu' s nicht nur eine Kultur- sondern auch eine Machttheorie darstellt, welche die sog. Herrschaftsstrukturen und die ungleichen Lebensverhältnisse a priori zum Gegenstand hat. Im resümierenden Schlussteil wird keine inhaltliche Zusammenfassung gegeben. Dies wäre eine kaum interessante Wiederholung. Auch die übliche Kritik durch Autoritäten des wissenschaftlichen Diskurses soll ausgespart bleiben. Vielmehr möchte ich eine kritische Reflexion liefern, welche versucht, diese gesamte Arbeit distanziert und auch interpretierend zu erfassen – um die rein deskriptive Ebene der Abschnitte I. und II.1.) zu verlassen. *Wieweit Bourdieu beim Wort nehmen?* Den Bezugspunkt bildet für diese Frage das Erkenntnisinteresse dieser Arbeit: Anwendung und, aus dem Blickwinkel von III., Anwend*barkeit*, Legitimität und Notwendigkeit der Bourdieu' schen Termini. Wie fruchtbar und sinnvoll sind diese für eine vertikale und horizontale Ungleichheitsanalyse (objektive und subjektive Kategorie) Bourdieu' schen Zuschnitts?

Die Bedeutung von epistemologischen Paradigmen wird oft nicht als das identifiziert und gewürdigt, was sie ist, nämlich der ursprüngliche Beobachtungsmodus, mittels dessen sich soziologische Theorie konstituiert. Dieser Modus ist ein strukturierender Filter, welcher den Inhalten einer Theorie, ihrer Form und "Aufbau" erst einen grundsätzlichen Rahmen verleiht.

I. Kurze Einführung in Bourdieu' s Erkenntnismethode

Pierre Bourdieu möchte einen dritten Weg, eine methodologische Zwischenstellung einnehmen, die sich zwischen zwei Fronten aufbaut. Auf der einen Seite der positivistische Empirismus, auf der anderen universelle Metatheorien. Wichtig ist für Bourdieu die Verbindung aus empirischer Verifikation[1] von Theorie mit einem theoretischen gehaltvollen Gebäude. Allgemeiner formuliert er weiter: So "… kann man daher die Konvergenz großer klassischer Theorien anerkennen, soweit es sich um die fundamentalen Prinzipien handelt, nach denen die soziologische Wissenschaftstheorie sich als die Grundlage der partialen Theorien definiert, die sich auf einen bestimmten Rahmen von Fakten beschränken."[2] Bourdieu versucht also eine *middle- range theory* zu entwerfen, die den Gegensatz der Extrempole auf dem epistemologischen Kontinuum (empirischer Positivismus vs. deduktiver Konstruktivismus) erfolgreich überbrückt.[3]

---

[1] Der Terminus "Verifikation" von Hypothesen verweist auf die Methode des *Logischen Empirismus*, der "positivistischer" ist als z.B. der *Kritische Rationalismus* mit seinem Ziel der "Falsifikation".
[2] BOURDIEU, PIERRE: *Zur Soziologie der symbolischen Formen*. 1. Aufl., Frankfurt/M. 1970, S. 9.
[3] Ebd., S. 35.

Eine soziologische Theorie ist demnach "… nur in dem Maße wissenschaftlich, wie sie sich den epistemologischen und logischen Prinzipien der Wissenschaftstheorie des Sozialen, d.h. der soziologischen Metawissenschaft in systematischen Konstruktion eines Systems von Beziehungen und explikativen Schemata dieser Beziehungen verpflichtet weiß."[4] Neben diesen Kriterien und Bedingungen für Soziologie – der Art und Weise der Anwendung der Prinzipien Wissenschaftstheorie – nennt Bourdieu andere Grundlagen.

Geht man, wie Bourdieu dies will, nicht deduktiv und kategorial an die Realität heran, sondern ethnologisch und praxeologisch, so wird ein Bild von *Relationen*[5] zwischen sozialen Elementen deutlich. "Die Bedeutung, die diese oder jene Handlung… oder dieser oder jener Gegenstand… dem Handelnden oder dem Betrachter unmittelbar darbietet, verbirgt vielmehr ihren wahren Sinn allzu oft, indem sie durch falsche Evidenz von der Erforschung des Stellenwertes ablenkt, den diese Handlung oder dieser Gegenstand ihrer Position im System der Handlungen oder Gegenstände derselben Klasse verdanken."[6]

Analog zur mathematischen Geometrie meint Bourdieu, dass soziale Phänomene nicht als eigenständig existente Substanzen, sondern als Elemente eines Relationensystems zu begreifen sind, das seinerseits wiederum in Relationen zu umfassenderen Strukturen stehen kann. Gültige Gesetze und Prinzipien der Beschaffenheit dieses Systems sind dann aber nicht die inhärenten Eigenschaften des einzelnen Elements, sondern diejenigen der Verbindungsstruktur zwischen den Einheiten. Das Wesen und Charakter der Einheiten bestehen in ihrer theoretisch konstruierten Relation zueinander; die Funktion und Rolle der Einheiten ergibt sich aus den Prinzipien der Verbindungsstruktur, nicht aus ihnen selbst.[7] Man könnte sagen: die sozialen Moleküle gehen eine Verbindung ein und stellen damit ein Substanz mit Eigenschaften dar, welche nicht deckungsgleich mit den jeweils einzelnen Bauteilchen ist: das soziologische Phänomen der Emergenz.

Für diese Relationenstruktur der einzelnen Einheiten lassen sich *symbolisch* spezifische Gesamtbilder derselben setzen. Forschungsmethodisch gesprochen: "Vereinzelte, hypothetisch konstruierte Begriffe bilden daher, statt konkret und empirisch unmittelbar greifbare Daten zu reproduzieren, die sich in isolierter Form in einem objektiven Korrelat verifizieren ließen, nur ihren wechselseitigen Relationen symbolisch ihren Gegenstand ab."[8]

---

[4] Ebd., S. 9.
[5] FRÖHLICH, GERHARD: *Kapital, Habitus, Feld, Symbol.* Grundbegriffe der Kulturtheorie bei Pierre Bourdieu. IN: Mörth, Ingo/ Fröhlich, Gerhard (Hg.): Das symbolische Kapital der Lebensstile. Zur Kultursoziologie der Moderne nach Pierre Bourdieu, Frankfurt/M. 1994, S. 33.
[6] BOURDIEU (1970), S.13.
[7] Ebd., S.11, 32.
[8] Ebd., S.17.

Nur allzu gerne, so Bourdieu, nimmt der Mensch nur die real beobachtbaren Akteure als Elemente wahr und schreibt ihnen in naiv- vorwissenschaftlicher Weise eigenständige Eigenschaften und Handlungsautonomie gegenüber dem Relationensystem der Gesellschaft zu. Fälschlicherweise wird letzteres als quasi natürlich gegebene "Umweltsituation" individuell handelnder Akteure interpretiert.

Entgegen dieser Ansätzen "... erlaubt die Konstruktion eines Reihenmodells, verschiedene soziale Formationen als ebenso viele Realisierungen ein und derselben Transformationsgruppe zu begreifen und auf diese Weise die verborgenen Eigenschaften sichtbar zu machen, sie sich nur enthüllen, wenn man sie... zum kompletten System der Beziehungen, in dem das Prinzip ihrer strukturellen Verwandtschaft sich ausdrückt, in Relation setzt."[9] (*Vergleichende Methode*) Bourdieu meint den Begriff der Relation auch als eine Form der kausalen Operationalisierung, sprich: von Ursache-Wirkungs-Modellen (Strukturen), die statistische Kovarianzen oder Invarianzen aufweisen können, was sich in positivistischer Manier auch real messen lässt.

Denn "Nur wenn man die Logik eines jeden dieser konstitutiven Systeme oder Subsysteme von Beziehungen einer Gesellschaft... in ihrer Eigenart erfasst, lassen sich die Homologien aufstellen, die die Subsysteme ein und derselben Gesellschaft oder die... verschiedener Gesellschaften miteinander verbinden...".[10] Sowohl die Autonomie jedes konstruierten Modellsystems, z.B. Erziehungs- oder Ökonomiesystem, muss jetzt näher analysiert werden, als auch ein Modell desjenigen umfassenden und integrierenden Systems, das Eigenschaft aufweisen soll, die Autonomie seiner Subsysteme nicht zu verletzen. Die Homologien werden später das Verhältnis zwischen Klassen- positionierung und Lebensstilen von Akteuren, verzahnt durch den Habitus- Begriff, zu erhellen versuchen.

Im Rahmen seiner ethnologischen Arbeit über das Kabylen- Volk in Algerien stieß Bourdieu auf forschungsmethodische Probleme. "Die Konzepte des Strukturalismus berücksichtigen die Tatsache nicht, dass Akteure strategisch handeln, und insbesondere lassen sie keinen Platz für den strategischen Umgang mit Zeit, für die Logik des Verzögerns,... des Beschleunigens und der Rhythmisierung von Sequenzen."[11] Denn die Diskrepanz, die sich zwischen den abstrakten Kategorien der strukturalistischen Methode und der ethnologischen Realität öffnet, die Anwendung der konstruierten Folien auf die empirischen Zustände, ist immer wieder mangelhaft. Statt die Gesetze innerhalb der abstrakten Konstruktionen logisch

---

[9] Ebd., S. 33.
[10] Ebd. S. 35ff.
[11] BOHN, CORNELIA/ HAHN, ALOIS: *Pierre Bourdieu*. IN: Kaesler, Dirk (Hg.): Klassiker der Soziologie. Von Talcott Parsons bis Pierre Bourdieu, 1. Aufl., München 1999, Bd. 2, S. 253.

zu analysieren, wollte Bourdieu nun die Logik der Praxis beschreiben, die eben nicht deckungsgleich mit der Praxis der Logik. Denn eigentümlich für erstere ist, dass die *Logik der Praxis* nur bis zu dem Punkt eben logisch *ist*, über dem hinaus ein Logischsein nicht mehr praktisch wäre.

Bourdieu will den Spalt zwischen den Methoden des objektiven Strukturalismus einerseits und des Subjektivismus (u. a. der Phänomenologie) andererseits schließen: "Anhand der Unterscheidung von *modus operandi* [- der empirische Akteur -] und *opus operatum* [- das Strukturprodukt -] zeigt er, wie der objektivistische Erkenntnismodus (der von Strukturalisten wie... de Saussure,... Levi-Strauss oder Michel Foucault, aber auch Durkheim vertreten wird) aus der entlasteten Perspektive des wissenschaftlichen Beobachters sichtbar, ja erst durch diese erzeugt wird. Dabei ist diese Perspektive selbst... ein Resultat von Aufzeichenbarkeit. Der... Beobachter hat es stets mit abgeschlossenen Vorgängen zu tun. Ihm präsentiert sich als Gleichzeitigkeit, was sich in der sozialen Praxis nur in sukzessiver Abfolge von stets neuen Spielzügen vollzieht... ".[12] [Hervorheb. i. Orig.]

Als synthetisiertes Resultat ergibt sich ein *praxeologischer Erkenntnismodus*, der durch ein Doppelgesicht der beiden erkenntnismethodischen Zugänge gekennzeichnet ist. Das praktische Alltagswissen der jeweiligen Lebenswelt (ein phänomenologisch-subjektivistischer Ansatz) besitzt für Bourdieu eine konstitutive Rolle in der Realität der Gesellschaft, weil es nicht bloße Ideologie, Banalität oder blindes Ausführen von Strukturen darstellt, sondern vielmehr die echte, teilnehmende und kreative Bedingung von sozialen Strukturen (also auch von wissenschaftlichen Theorien selbst!) bedeutet. Insofern ist der praxeologische Erkenntnismodus auch ein Mittel zur *reflexiven Analyse*, und zwar reflexiv bezüglich beider Seiten: Subjektivismus und objektiver Strukturalismus bzw. übertragen auf die Inhalte der Theorie: Mensch und Struktur. Um aber auf die konkrete Ebene der Theorie zu gelangen, lässt sich nun der inhaltliche Begriff des *Habitus* als Vermittler genau dieses Mensch- Struktur- Verhältnisses einführen.[13]

---

[12] Ebd., S. 255.
[13] Ebd., S. 256ff.

II. Zentrale Begriffe einer Bourdieu' schen Ungleichheitsanalyse

II. 1. *Habitus, Kapital* und *"Klasse"*

II. 1. a) Der Habitus und seine Komplizenschaft mit "Feldern"

Das oben angesprochene Prinzip der Relationierung sozialer Elemente läßt sich auch ethnologisch in einem "System dritter Ordnung", wie Bourdieu es bezeichnet, darstellen und damit konkret die Relation zwischen beobachtbaren Handlungsregelmäßigkeiten einerseits und den objektiven Strukturen andererseits bezeichnen. Handlungen sind aber auf Akteure zurückzuführen, die durch mentale Schemata (kognitiver oder emotionaler Art) bestimmte kulturelle Praktiken ausführen. "Es bedeutet keinen Rückfall in die Naivitäten eines >Subjektivismus<…, wenn man daran erinnert, dass die objektiven Beziehungen letztlich nur mittels des Systems der Dispositionen ihrer Träger existieren und sich realiter nur durch das Produkt der Verinnerlichung objektiver Bedingungen realisieren. Diese Vermittlung leistet der Habitus… ".[14] Dieser ist ein System von organischen und mentalen, dauerhaften und übertragbaren Handlungs- u. Geistesdispositionen. Konkreter sind damit die unbewussten Gefühls-, Wahrnehmungs- und Handlungsschemata gemeint, welche durch den Habitus[15] im Akteur aktiviert werden. "Dauerhaft" heißt, dass der Habitus aufgrund der primären Sozialisation fest *inkorporiert* wurde, er ging gleichsam in Fleisch und Blut über und ist unbewusst, vorreflexiv. "Übertragbar" heißt ferner, er wird als reale Praktik leicht an andere Personen herangetragen, z.B. von Kinder erlernt.[16] Das Habitus- Konzept ist der Schlüssel zur allgemeinen Sozialtheorie Bourdieu' s - auch wenn das Grundprinzip in langer Tradition steht (Aristoteles, Weber, Durkheim, Husserl u. a.).

Allerdings sollte man, so kritisieren Bohn/ Hahn, den Habitus als Überbegriff von einerseits familiären Primärhabitus der Erziehung, und außerdem zahlreiche Sekundärhabituus[17] der Adoleszenz erweitern, z.B. Berufsrollen und Milieuhabitus. Denn der Habitus, und das betont Bourdieu wiederum, ist historisch gewachsen und bietet dem Akteur geschichtlich entwickelte und aggregierte Schemata an, die dieser verinnerlichen kann und muss, will er *praktisch sinnvoll* handeln.

---

[14] Bourdieu (1970), S. 39ff.
[15] Bourdieu erwähnt, dass der Begriff "Bildung" die Doppelfunktion des Habitus als Knotenpunkt zwischen Objektiven Relationen (*Ausbildung*) und Subjektiver Mentalität (*Gebildetsein*) besser ausdrücken würde.
[16] Bourdieu spricht bei der familiaren Internalisierung auch von "Vererbung" von Kulturpraktiken.
[17] Bohn/ Hahn, S. 261.

Der Habitus ist der praktische, unbewußte Sinn für "angemessenes", sozial sinnvolles Handeln bezüglich des Umfeldes. Mit dem Fokus auf Ungleichheit bedeutet der Habitus generell einen vorreflexiven *Geschmackssinn* in Form von *Distinktionsstrategien*, welche die Akteure von anderen abgrenzen.

Die Inkorporierung von Geschichte und damit von Gesellschaft als Struktur ermöglicht Soziabilität, d.h. an Strukturen erfolgreich gekoppelte Akteure; allerdings sind die Strukturen auf Akteure angewiesen, um nicht im Nichts zu verschwinden; Strukturen müssen permanent reproduziert werden. Das klassische Kreislaufmodell schließt sich dann, wenn Akteure ihrerseits als Produzenten von Kulturpraxis auftreten, aber zugleich deren Produkte sind.[18] "Der Habitus gilt... als ein durch geregelte Improvisation dauerhaft begründetes Erzeugungsprinzip, als generatives Prinzip der Praxis. Das heißt aber nicht, dass er zum exklusiven Prinzip aller Praxis erhoben wird, wenn es auch... keine Praxis gibt, der kein Habitus zugrunde liegt."[19] – er beinhaltet also die Möglichkeit der Kreativität seitens des Akteurs.

Der Habitus reproduziert sich selbst durch unbewusstes Wiedergeben von inkorporierten Handlungsstrategien. Diese Handlungen der Akteure durchlaufen den Filter der jeweiligen Habitusstruktur und sind deshalb sinnhaft, weil sie sich kulturpraktisch (gemäß des *sens pratique*) auf die objektiven Strukturen im Umfeld beziehen müssen. Solche Felder sind die Strukturen des sozialen Raumes, was allerdings eingehender erläutert werden soll.

Die soziale Wirklichkeit ist eine relationale Verknüpfung von Akteurs-Positionen, welche sich im Verhältnis zueinander und im Verhältnis zu umfassenderen, objektiven Strukturen definieren und bilden. Die Gesellschaft, und das impliziert bei Bourdieu eine empirische, historisch- kulturell definierte Gesellschaft und nicht universell "Gesellschaft schlechthin", lässt sich als *mehrdimensionaler Raum* darstellen. Der soziale Raum, das sind ausdifferenzierte[20] und konkurrierende *Felder* (z.B. Politikfeld, Bildungsfeld, Ökonomie etc.) mit je eigener Logik, Prinzipien und Zwängen, welche sie von anderen Feldern klar unterscheiden. Dennoch lassen sich trotz Unterschiede wiederum analoge Strukturen *zwischen* den Feldern erkennen. Z. b. besitzt *jedes* Feld das Prinzip der *Bipolarität*: "Neulinge vs. Platzhirsche", Herrschende vs. Beherrschte und Reich vs. Arm.[21]

---

[18] BOHN/ HAHN, S. 258ff.
[19] Ebd., S. 258.
[20] Ausdifferenziert sind sie erst im Verlauf historischer Prozesse.
[21] BOURDIEU, PIERRE: *Soziologische Fragen*. 3. Aufl., Frankfurt/M. 1993, S. 107.

"Da Feldgrenzen... nicht ausschließlich durch Sinngrenzen bestimmt sind, sondern durch je aktuelle Konstellationen von Akteuren, entsteht immer dort ein neues soziales Feld, wo die *soziale Magie* (Mauss) den Akteuren etwas wert erscheinen lässt, umkämpft zu werden... Felder sind als Kampffelder, Kräftefelder und Spielfelder charakterisiert." [22] (Hervorheb. i. Orig.) In ihnen stehen die Akteure in einem permanenten Kampf, in dem inkorporierte Strategien angewandt werden, um sozialen Gewinn in Form von Positionierungsprofit (Aufstieg der Position in einer Anerkennungshierarchie) zu erzielen. Dabei kämpft man nicht nur gegen die Anderen Spieler eines Feldes (gegen die Neulinge/ die Arrivierten) sondern auch gegen die Strukturregeln (bipolar: legitim/ illegitim), welche das Spielgeschehen ordnen. Zugespitzt formuliert: Beim Spielen um Gewinn kämpfen Akteure agonisch um den Einsatz, aber zugleich auch um seinen Wert, um die Legitimität im Feld schlechthin und um die Spielregeln selbst.[23] Der fürs Spielen notwendige Spieleinsatz (*enjeu*) hat die Form von "Kapital".

D.h. *sozialer Sinn* ist dann der Sinn des Feldes, der *permanent* durch Akteure politisch um- und erkämpft[24] werden muss.   Bedingend für Felder "... bedeutet *croyance* den von den Beteiligten geteilten Glauben an den Sinn und Wert des Spiels, einschließlich dessen *enjeu*... Der Glaube ist daher entscheidend, zu welchen Feld man gehört."[25] Zweitens ist bedingend, dass eine feldspezifische, sog. *illusio* vorherrscht, d.h. im Feld verhafteten Wirklichkeitsannahmen und Bedeutungsinvestitionen über die Realität gelten. Jedes Feld besitzt durch die implizite (!) croyance bei den Akteuren und die implizite (!) illusio im Feld einen praktischen Sinn, der die jeweiligen Strukturen und Handlungen spezifisch ordnet. "Die Felder >bedürfen< also handelnder Menschen: >*Illusio*< bzw. Interesse, die ökonomische und psychische Besetzung des Spiels, sind zugleich Vorraussetzung - >insofern es 'die Leute antreibt', sie laufen, konkurrieren... lässt< und Produkt des funktionierenden Feldes."[26] (Hervorheb. i. Orig.)

Diese *mesalliance*, die sog. Komplizenschaft zwischen dem Habitus konkret handelnder Akteure und organisierter Gruppen einerseits und dem jeweiligen strukturellen Feld zeigt sich in einem Bilde der reziproken Wechselbedingtheit. Der Habitus ist quasi "Leib gewordene Geschichte", das   Feld ist "Ding gewordene Geschichte"; diese kulturelle Akkumulation und die daran anschließende *Institutionalisierung* von Geschichte in Form

---

[22] BOHN/ HAHN, S. 262.
[23] BOURDIEU (1993), S. 108; BOURDIEU (1989), S. 497.
[24] BOURDIEU, PIERRE: *Sozialer Raum und "Klassen" -Lecon sur la Lecon.* 3. Aufl., Frankfurt/M. 1995, S. 19ff.
[25] Ebd., S. 262.
[26] FRÖHLICH, S. 41.

eines bestimmten Feldes spielt dabei immer eine rahmenstiftende Rolle für dieses reziproke Verhältnis. Die Komplizenschaft von Feld und Habitus heißt ferner, dass Letzterer durch/ in Wechselbeziehung mit Feld gemäß des praktischen Sinns entsteht: "Der Habitus realisiert sich nur in Beziehung zu einem Feld, wenn er auf die Bedingungen seiner Wirksamkeit< trifft, nämlich auf Bedingungen, >die jenen identisch oder analog sind, aus denen er selbst hervorgegangen ist<.

"Wenn der Habitus auf ein Feld trifft, welche als >objektive Chancen< vorgibt, was der *Habitus als Neigung bzw. Disposition* in sich trägt, weil er sich durch Einverleibung von >Strukturen eines ähnlichen Universums< gebildet hat, müssen sich die Akteure >nur ihrer 'Natur', das heißt dem überlassen, was die Geschichte aus ihnen gemacht hat, ...um zu tun, was getan werden muß<".[27] (Hervorheb. i. Orig.) Der sog. praktische Sinn des Habitus ist gleichzeitig quasi "der 7. Sinn" für Handlungen seitens des Akteurs und der strukturelle Sinn seitens des Feldes; Beide sind im und durch den Sinn also deckungsgleich. "Ein Feld... definiert sich unter anderem darüber, dass die spezifischen Interessen[28] und Interessenobjekte definiert werden, die nicht auf die für andere Felder charakteristischen Interessen... reduzierbar sind... und von jemandem, der für den Eintritt in dieses Feld nicht konstruiert ist, nicht wahrgenommen werden...".[29] Die objektiven Feldinteressen können zwar, müssen aber nicht mit den subjektiven des Akteurs zusammenfallen; wenn, dann zufälligerweise, denn die Akteure oder Akteursgruppen können nur Strategien als Verbindungsriemen zu den objektiv gegebenen Strukturen nutzen, welche der jeweiligen Feldsinn zur Verfügung stellt. Diese Mittel der Strategien, um die objektiven Zwecke des Feldinteresses zu erreichen, wurden bereits als Wert und Medium des sozialen Austausches definiert: *enjeux* ("Spieleinsätze"). Bourdieu benutzt jedoch konkreter den Begriff des *Kapitals*, hier also des spezifischen Feldkapitals; dieses lässt sich allerdings mit den drei zentralen Kapitalsorten *Ökonomisches, Soziales* und *Kulturelles Kapital* umfassen.

---

[27] Ebd., S. 42.
[28] "... verstanden als jene *spezifische Investition* in die Interessenobjekte, die zugleich Bedingung und Produkt der Feldzugehörigkeit ist...", so BOURDIEU (1993), S. 113.
[29] BOURDIEU (1993), S. 107ff.

II. 1. b) Die Kapital- Sorten und der "Klassen"- Begriff

II. 1. b a) Ökonomisches, Soziales und Kulturelles Kapital

Zunächst noch einiges an Grundlegenden Eigenschaften und Begrifflichkeiten zur Kapitaltheorie. Denn "Mit Hilfe des Konzeptes der Kapitalakkumulation >mit allen seinen Implikationen<... möchte Bourdieu auch das theoretische Problem der Erklärung von objektiver wie subjektiver Persistenz lösen: Kapital hat >Überlebenstendenz<; es kann sich selbst reproduzieren, Gewinne abwerfen, wachsen. Kapital 'sorgt' dafür, >dass nicht alles gleich möglich oder gleich unmöglich ist<".[30] Das Kapital funktioniert als Realitätsfilter, es selektiert das ansonsten gleichmögliche Weltgeschehen zu erwartbaren, historisch gewachsenen Sozialstrukturen, die sowohl die subjektive Akteursseite wie auch die objektiven Gesellschaftsverhältnisse.

Allgemein definiert: Kapital, das sei *akkumulierte Arbeit*, d.h. aber implizit auch der *Aufwand an Zeit*, der zur (Re-)Produktion von Kapital erforderlich ist. Kapitalbesitz, sei es in materieller, objektiver Form oder in subjektiver, inkorporierter Form, stellt also den Besitz von konzentrierter sozialer Energie dar. "Als *vis insita* ist Kapital eine Kraft, die den objektiven und subjektiven Strukturen innewohnt; gleichzeitig ist das Kapital – als *lex insita* – auch grundlegendes Prinzip der inneren Regelmäßigkeiten der sozialen Welt."[31] Neben dem Besitz, quasi dem positiven Kapital, lässt sich jedoch auch bipolar das "negative Kapital" bilden (="Schulden"). Kapitalsorten jedweden Feldes besitzt man *real*, also tatsächlich in der einen oder der anderen Form (welche noch genannt werden) und *potentiell*, d.h. man besitzt auch konkrete Erwerbschancen in einer Feldstruktur auf Kapitalbesitz. Die Gestalt, welche das Kapital im jeweiligen Feld annimmt, hängt vom Anwendungsbereich und auch von der Höhe der Transformationskosten ab, welche beim Umtausch von Kapitalsorten in einander anfallen.

Es gibt also nach Bourdieu' s Unterteilung drei Kapitalsorten: *Ökonomisches*, *Kulturelles* und *Soziales* Kapital; wobei das ökonomische Kapital eine dominante, aber keine universell-ursächliche Funktion besitzt. Bourdieu beschreibt diesen seltsamen Spagat folgender maßen: "Man muß somit von der *doppelten* Annahme ausgehen, daß das ökonomische Kapital einerseits allen anderen Kapitalarten zugrunde liegt, dass aber andererseits die transformierten

---

[30] FRÖHLICH, S. 34.
[31] BOURDIEU, PIERRE: *Ökonomisches Kapital, kulturelles Kapital, soziales Kapital*. IN: Kreckel, Reinhard (Hg.): Zur Theorie sozialer Ungleichheiten. Göttingen 1983, S. 183.

und travestierten Erscheinungsformen des ökonomischen Kapitals niemals ganz auf dieses zurückzuführen sind, weil sie ihre spezifischen Wirkungen überhaupt nur in dem Maße hervorbringen können, wie sie verbergen (und zwar zu allererst vor ihrem eigenen Inhaber), dass das ökonomische Kapital ihnen zugrunde liegt und insofern, wenn auch nur in letzter Instanz, ihre Wirkungen bestimmt."[32] (Hervorheb. i. Orig.) Auch FRÖHLICH bringt keine weitere Erklärung für diese Ambivalenz der Wichtigkeit des Ö. K.: "Obwohl Bourdieu durch seine weitgehende Gleichstellung des ökonomischen und des kulturellen Kapitals das klassische marxistische Basis-Überbau-Schema verlässt, bezeichnet er das ökonomische Kapital als primär, das ökonomische Feld als tendenziell dominant."[33] Bourdieu stellt dar, dass in verschiedenen Typen und historischen Stufen[34] von Gesellschaften jeweils andere Kapitalien und Felder sozusagen die Stellung des *primus inter pares* einnehmen - um die erwähnte Ambivalenz erfolgreich zu betiteln.

Um die drei Kapitalsorten näher zu erläutern: das ökonomische Kapital ist direkt und ohne Transformationsverluste in einen Wertbesitz umtauschbar, z.B. in Geld, Aktienpapiere, Schuldscheine etc. Es eignet sich besonders gut zur Durchsetzung der Institutionalisierung von Eigentumsrecht. Hingegen "Das Sozialkapital[35] ist die Gesamtheit der aktuellen und potentiellen Ressourcen, die mit dem Besitz eines dauerhaften Netzes von mehr oder weniger institutionalisierten *Beziehungen* gegenseitigen Kennens oder Anerkennens verbunden sind; ... Ressourcen, die auf der *Zugehörigkeit zu einer Gruppe* beruhen."[36] (Hervorheb. i. Orig.) Diese Beziehungen sind jedoch mit materiellen oder symbolischen Austauschverpflichtungen als Grundlage der Beziehungen verknüpft. Die Bezugsgruppe bietet einen Kapitalpool, der allen Mitgliedern zur Verfügung steht und ihnen als Kreditwürdigkeit für weitere Austauschbeziehungen dient. Der Kapitalpool und die Gruppenzugehörigkeit erlaubt, durch konzentriertes Sozialkapital einen *Multiplikatoreffekt* für das sonstige Kapital des Akteurs zu erzielen: man kann für sich Gruppenkapital stellvertretend mobilisieren. Je umfangreicher das Beziehungsnetz, desto größer das Sozialkapital.

"Obwohl also das Sozialkapital nicht unmittelbar auf das ökonomische und kulturelle Kapital eines bestimmten Individuums oder... der Gesamtheit [der Gruppe]... reduziert werden kann, ist es doch niemals unabhängig davon; denn die in den Tauschbeziehungen institutionalisierte gegenseitige Anerkennung setzt das Anerkennen eines Minimums von

---

[32] Ebd., S. 196.
[33] FRÖHLICH, S. 36.
[34] So war z.B. im Mittelalter das Sozialkapital dominant, in der Postmoderne aber das Kultur- u. Ökonomische.
[35] Bourdieu differenziert davon das *Politische Kapital* als Unterform.
[36] BOURDIEU (1983), S. 190ff.

>objektiver< Homogenität unter den Beteiligten voraus... ".[37] Um die Gruppe mit ihrem Sozialkapital zu erhalten, ist eine ständige Beziehungsarbeit mittels Austauschakten notwendig; dadurch wird die wichtige reziproke Anerkennung immer aufs Neue reproduziert und bestätigt. Ferner ist es zentral, die erwähnte Konzentration von Sozialkapital in der Gruppe durch *Delegation*[38] an rede- und entscheidungsbefugte Führer zu übergeben. Diese allerdings können das konzentrierte Sozialkapital, das sie legitimerweise repräsentieren, auch "veruntreuen" und gegen die Gruppe verwenden.

Das Kulturelle Kapital kann wiederum in drei Sorten untergliedert werden. "(1.) in verinnerlichtem, *inkorporiertem Zustand*, in Form von dauerhaften Dispositionen des Organismus, (2.) in *objektiviertem Zustand*, in Form von kulturellen Gütern, Bildern, Büchern, Lexika, Instrumenten oder Maschinen, in denen bestimmte Theorien usw. Spuren hinterlassen oder sich verwirklicht haben, und schließlich (3.) in *institutionalisiertem Zustand*, einer Form von Objektivation, die... dem kulturellen Kapital, das sie ja garantieren soll, ganz einmalige Eigenschaften verleiht."[39] (Hervorheb. i. Orig.)

Will man inkorporiertes Kulturkapital als Elternteil an Kinder weitergeben, ist Zeit aufzuwenden, und i. d. R. sehr viel davon. "Inkorporiertes Kapital ist ein Besitztum, das zu einem festen Bestandteil der >Person<, zum Habitus geworden ist; aus >Haben< ist >Sein< geworden... verinnerlichtes Kapital kann deshalb... nicht durch Schenkung, Vererbung, Kauf oder Tausch *kurzfristig* weitergegeben werden. Daraus folgt, dass die Nutzung... sich für die Eigner ökonomischen und sozialen Kapitals als besonders problematisch erweist."[40] (Hervorheb. i. Orig.)

Das Kulturkapital in seiner objektivierten Form hingegen besitzt Merkmale und Eigenschaften, welche sich lediglich in seiner Beziehung zum inkorporierten definieren. Denn die objektivierte Form, also z.B. Kunstwerke, Instrumente, Maschinen etc. sind als Materie leicht mittels Kauf übertragbar. "Dagegen ist dasjenige Merkmal, das die eigentliche Aneignung erst ermöglicht, nicht (oder nicht notwendigerweise) übertragbar: nämlich die Verfügung über kulturelle Fähigkeiten[41], die den Genuß eines Gemäldes oder den Gebrauch einer Maschine erst ermöglichen; diese... Fähigkeiten sind nichts anderes als inkorporiertes

---

[37] Ebd., S. 191.
[38] Bourdieu unterscheidet diese noch in *diffuse* und *institutionalisierte Delegation*.
[39] BOURDIEU (1983), S. 185.
[40] Ebd., S. 187.
[41] Bourdieu betont allerdings trotz dieses integrierten Verhältnisses zwischen inkorporiertem und objektiviertem K.K.– letzteres wird durch ersteres in der Praxis erst sinnhaft und lebendig–, dass das objektivierte K.K. einen emergenten Charakter aufweist: ein Sprachstil z.B. ist von allgemeinen Sprachregeln abhängig, die aber wiederum unabhängig sind von Sprachdialekten (Gossenslang, Hochdeutsch usw.).

Kulturkapital... ".[42] Das objektivierte K.K. ist zudem symbolisch aktiv (weil es sichtbare Objekte sind, die ihre Geschichte quasi kommunizieren) und handelnd, weil es von Akteuren als Einsatz und zugleich als Waffe für das Kampfspiel im Feld der kulturellen Produktion (Wissenschaft, Kunst usw.) aber auch im Feld der sozialen Klassen verwendet wird. Die inkorporierte *Nutzungskompetenz,* ebenfalls durch Mimesis in der Sozialisation erworben, ist dann also der Schlüssel, um in diesen Kämpfen aus den verwendeten Kulturobjekten Kapitalprofite zu ziehen.

Eine wichtige Unterart des K.K. ist das *institutionalisierte Kulturkapital.* Diese "... Form von kulturellem Kapital bezieht sich auf Erwerb und Vergabe von Titeln wie Schulabschlüsse... Institutionalisierung bedeutet gegenüber der inkorporierten Form daher immer auch eine *legitime* Form kulturellen Kapitals. Das *Delegationsprinzip* ist hier ausgeschlossen."[43] (Hervorheb. i. Orig.) Diese Objektivierung von Titeln vollzieht sich durch *kollektive Magie* als eine institutionelle, sozial konstruierte Macht, die "... Macht, Menschen zu veranlassen, etwas zu sehen und zu glauben oder, mit einem Wort, etwas *anzuerkennen.*"[44] (Hervorheb. i. Orig.) Alleine diese ethnologische Tatsache ist es, die bestimmte Kompetenzen, Habitus und Wissen mit offiziellen Prädikaten[45] versieht, diese nicht nur legitim sondern auch legal macht und letzten Endes den geschulten Könner vom autodidaktischen Kenner scheidet.

Um diesen Absatz zu schließen, soll noch eine letzte Kapitalform erwähnt werden. "Symbolische Kapital gründet auf *Bekanntheit und Anerkennung...* und ist mehr oder minder synonym mit: Ansehen, guter Ruf, Ehre, Ruhm, Prestige... Es ist die *>wahrgenommene und als legitim anerkannte Form< des ökonomischen, kulturellen und sozialen Kapitals.*"[46] (Hervorheb. i. Orig.) Die enge Beziehung zu dem Soziakapital ist dabei wichtig. Die Logik der Repräsentation des Sozialkapitals impliziert, dass sich das Zeichen als Symbol an die Stelle des Bezeichneten setzt; konkret heißt das, ein Anführer, der Sozialkapital konzentriert und treuhänderisch verwaltet, setzt sich als Repräsentant an die Stelle der Gruppe und produziert durch das Herausragen aus der Gruppe symbolische Macht, materialisiert im Symbolischen Kapital. "Selbstverständlich bewegt sich das Sozialkapital so ausschließlich in

---

[42] Ebd., S. 188.
[43] BOHN/ HAHN, S. 263ff.
[44] BOURDIEU (1983), S. 190.
[45] Solche Zertifikate erlauben dann die Austauschbarkeit von Personen, weil das Fachwissen standardisiert und vergleichbar wird.
[46] FRÖHLICH, S. 37.

der Logik des Kennens und Anerkennens, dass es immer als symbolische Kapital funktioniert."[47] Diese Kapitalform ist quasi der erwerbbare kommunikative Ausdruck der anderen Kapitalien, welche sich durch das Symbolische erst *erkennen*, entziffern lassen.

II. 1. b b) Die Ökonomie der praktischen Konvertabilität

Bourdieu hebt die wechselseitige Transformation der Kapitalsorten hervor. Um beim angesprochenen institutionalisierten K.K. zu bleiben: "Durch die Bestimmung des Geldwertes, der für den Erwerb eines bestimmten schulischen Titels erforderlich ist, lässt sich sogar ein >Wechselkurs< ermitteln, der die *Konvertabilität* zwischen kulturellem und ökonomischen Kapital garantiert. Weil der Titel das Produkt einer Umwandlung von ökonomischen in kulturelles Kapital ist, ist die Bestimmung des kulturellen Wertes eines Titelinhabers im Vergleich zu anderen unauflöslich mit dem Geldwert verbunden, für den er auf dem Arbeitsmarkt getauscht werden kann... ".[48] (Hervorheb. i. Orig.) In der Logik der Praxis hat nämlich Investition von Zeit und Geld in die Bildung nur Sinn, wenn zumindest teilweise eine Rücktransformation von Schulbildung garantiert wird, und zwar durch legitime Ansprüche der Inhaber auf höhere Bezahlung als Nichtinhaber des Zertifikats.

Die Wechselkurse zwischen den Kapitalien variieren, ihre Übertragbarkeit ist also unterschiedlich kostspielig. Recht allgemein könnte man das "Energieerhaltungsgesetz" als Überbegriff setzen: z.B. wenn Ö.K. für Bildung verbraucht wird, wächst auch das K.K. Die Höhe der Profitrate aber, die sich aus diesem Umtausch ergibt, hängt am jeweiligen Wechselkurs, der ja von Feld zu Feld, von Subsystem zu Subsystem, variiert. Auch kann der Kurs im jeweiligen Feld konstant bleiben, aber eine historische Entwicklung verändert den Kapital*wert*.[49] Auch scheint der Multiplikatoreffekt ebenso für den persönlichen Kapitalpool zu gelten, denn es gibt Objekte und Kapitalien, die "... nur aufgrund eines sozialen Beziehungs- oder Verpflichtungskapitals erworben werden können. Derartige Beziehungen... können nur dann kurzfristig... eingesetzt werden, wenn sie bereits seit langem etabliert und lebendig gehalten worden sind, als seien sie Selbstzweck."[50] Das heißt, der Erwerb durch Transformation wird erleichtert oder gar erst ermöglicht, wenn andere Kapitalsorten (im Textbeispiel: Sozialkapital) zusätzlich zu Verfügung stehen – allerdings müssen letztere eben auch teuer erkauft werden.

---

[47] BOURDIEU (1983), S. 195.
[48] Ebd., S. 190.
[49] Bourdieu nennt beispielhaft hierfür die Inflation von Hochschultiteln durch die Bildungsexpansion der 60er Jahre, d.h. eine Entwertung von Kapital findet statt.
[50] BOURDIEU (1983), S. 195.

Die *Transformationen* bringen Kosten in Form von a) *Verschleierungsverluste*, b) *Kapitalschwund* am ursprünglichen Kapital mit sich ("Energieerhaltungssatz"). Letztlich sind beide allerdings ein Problem von c) *Transformationsarbeit* (= Zeitaufwand!), die Zeit fungiert also als universelle Wertgrundlage. Um dies noch kurz zu erläutern. Wie bereits dargelegt, liegt allen Kapitalsorten das ökonomische letztlich zugrunde, auch wenn die anderen Kapitalsorten ihre Eigenwirkung umso stärker entfalten, je mehr sie sich als anderes Kapital "travestieren": "... eine wirklich allgemeine Wissenschaft von der ökonomischen Praxis muß in der Lage sein, auch alle die Praxisformen mit einzubeziehen, die zwar objektiv ökonomischen Charakter tragen, aber als solche im gesellschaftlichen Leben nicht erkannt werden und auch nicht erkennbar sind. Sie verwirklichen sich nur aufgrund eines erheblichen Aufwandes an Verschleierung, oder besser *Euphemisierung*."[51] (Hervorheb. i. Orig) Diese letztere und der Kapitalschwund haben die Tendenz inne, mit entgegen gesetzten Vorzeichen zu variieren. Jede Verschleierung ökonomischen Kapitals auf der einen Seite erhöht das *Risiko* des Kapitalschwundes andererseits – besonders bei der Kapitalvererbung zwischen den Generationen. "Die auf den ersten Blick gegebene scheinbare Unvereinbarkeit der verschiedenen Kapitalarten trägt deshalb ein beträchtliches Maß an Unsicherheit in alle Transaktionen... hinein."[52]

Neben dem Risiko von Transaktionen muss in diesem Zusammenhang auch die innere Beharrungskraft von Kapital genannt werden. Es neigt zu einer Trägheit, welche seine Reproduktion erheblich erleichtert und besitzt eine Überlebenstendenz. Für Kapitalbesitzer gilt: "Diejenigen, die bei gegebenen Verhältnissen das spezifische Kapital – Grundlage der Macht oder der für ein Feld charakteristischen spezifischen Autorität – (mehr oder weniger vollständig) monopolisieren, neigen eher zu Erhaltungsstrategien... die weniger Kapitalkräftigen dagegen... eher zu Umsturzstrategien...".[53] Gemeint ist hiermit die Bipolarität von Feldern, und in solchen der Kulturellen Produktion wäre das der symbolisch vermittelte Antagonismus "Orthodoxie vs. Häresie".

Wie ist das allgemeine Gesellschaftsbild gestaltet, in dem die Kapitalien ihre strukturierende Wirkung entfalten? Bourdieu stellt die soziale Welt "... in Form eines mehrdimensionalen Raumes dar: Akteure oder Gruppen von Akteuren sind anhand ihrer relativen Stellung innerhalb dieses Raumes definiert... Die soziale Stellung eines Akteurs ist >anhand seiner Stellung innerhalb der einzelnen Felder< zu bestimmen. Die Akteure verteilen

---

[51] Ebd., S. 184.
[52] Ebd., S. 197.
[53] BOURDIEU (1993), S. 109.

sich in der Sozialtopologie auf der ersten Raumdimension je nach *Gesamtumfang* an Kapital, über das sie verfügen, auf der zweiten Dimension je nach *Zusammensetzung* dieses Kapitals... als dritte Dimension fungiert die *Zeit bzw. die >Laufbahnklasse<* zur Berücksichtigung der diachronen Eigenschaften der sozialen Positionen, in Überwindung von Konzepten individueller Statusinkonsistenz."[54] (Hervorheb. i. Orig.) Jede Kapitalakkumulation des Akteurs lässt sich also in Volumen, Struktur und Zeitverlauf zerlegen und der Habitusträger dadurch anhand einer Positionierung im Raum verorten.

Das Kapital entscheidet aber *nicht* über die Platzierung eines Feldes in der Topologie des Sozialraums[55]: "Dennoch geht Bourdieu... von einer hierarchischen Ordnung zwischen den Sozialfeldern aus. Ohne Kriterien dafür anzugeben, setzt er voraus, dass die Spitze der Hierarchie vom Machtfeld besetzt ist."[56] Bourdieu betont den gesamtgesellschaftlichen Anspruch und die universelle Geltung des Machtfeldes als höchste Instanz des Sozialraumes, auch wenn zugleich dieser Anspruch und Geltung ständig durch die Reproduktion von Legitimation in der Praxis der Akteure stabilisiert werden muss. "Insofern ist auch die relative Plazierung der Felder... Gegenstand von Kämpfen, bei denen es um soziale Anerkennung als letzte Ressource geht."[57]

II. 1. b c) Der "Klassen" - Begriff

Der alte Klassenbegriff marxistischer Herkunft wird ersetzt durch die Begriffe Klassenfraktion, Klassifikation und Klassenposition von Individuen. "Ausgehend von den Stellungen im Raum, lassen sich Klassen im Sinne der Logik herauspräparieren, das heißt Ensembles von Akteuren mit ähnlichen Stellungen, und die, da ähnlichen Konditionen und... Konditionierungen unterworfen,... ähnliche Dispositionen... aufweisen, folglich auch ähnliche Praktiken und politisch- ideologische Positionen... Produkt einer explikativen Klassifikation... ermöglicht sie [- die Klasse -] die *Erklärung* und Prognose der Praktiken und Eigenschaften der klassifizierten Dinge... auch der auf Gruppenzusammenschluß basierenden Verhaltensweisen."[58] (Hervorheb. i. Orig.) Bourdieu betont, dass die Klasse eine wahrscheinliche Klasse ist, im Sinne einer Gesamtheit von Akteuren, die sich realiter einfacher mobilisieren und organisieren lässt als andere denkbare Akteursgruppierungen.

---

[54] FRÖHLICH, S. 41.
[55] BOURDIEU (1995), S. 9.
[56] BOHN/ HAHN, S. 264.
[57] Ebd., S. 265.
[58] BOURDIEU (1995), S. 12.

Der Sozialraum ist bei der Klassenbildung wichtig: "Zwar ist die Chance des – realen oder nominellen – Zusammenschlusses eines Ensembles von Akteuren durch einen Delegierten um so größer, je näher im Raum sich diese stehen und einer je kleineren, damit homogener konstruierten Klasse sie zugehören... ".[59] Bourdieu fügt diesem sehr prägnanten Grundprinzip jedoch Besonderheiten hinzu. So ist es z.B. aus Gründen der Konkurrenz oftmals schwierig für sehr nahe neben/ übereinander positionierte Gruppen, sich als Klassenfraktion zu vereinen. Ebenso ist eine Verschmelzung sehr weit auseinander liegender Konstellationen zwar unwahrscheinlich, aber nicht unmöglich. Oftmals vollzieht sich z.B. eine nationale Klassierung in Krisen- oder Kriegszeiten. Ein weiteres Teilungsprinzip des sozialen Raumes ist außerdem u. a. die Ethnie (oder auch Geschlecht, Alter usw.). Aber "... hier wird freilich davon ausgegangen, dass sich aller Voraussicht nach solche Gruppenbildungen als die dauerhafteren und stabileren erweisen, die in der Struktur des ausgehend von der Kapitalverteilung konstruierten Raumes begründet sind; und dass die anderen Formen des Zusammenschlusses... von den aus den räumlichen Distanzen erwachsenen Spaltungen und Gegensätzen bedroht sind."[60]

Bourdieu trifft ferner (in Anlehnung an Max Weber) eine Unterscheidung zwischen der *Klassenlage* innerhalb der Verteilungsstruktur von Kapitalien (d.h. den objektiv- materiellen Existenz- und Produktionsbedingungen) und zweitens der *Klassenstellung*, womit die bereits erwähnte Verhältnisbeziehung zwischen Positionen im Sozialraum angesprochen ist. Das heißt, "... dass jede soziale Klasse, da sie in einer historisch bedingten Sozialstruktur eine Stellung einnimmt, von ihren Beziehungen zu den anderen konstitutiven Teilen der Struktur derart berührt wird, dass sie diesen Positionseigenschaften verdankt, die von ihren rein immanenten Eigenschaften – wie etwa einem bestimmten Berufstypus oder materiellen Existenzbedingungen – relativ unabhängig sind."[61]

Ein wichtiger Aspekt in diesem Zusammenhang des "Klassen"- Begriffs ist sicherlich das Homologie- Modell, bestehend aus der kausalen Wechselbeziehung zwischen Klassenlage als sozio- ökonomischen Bedingung und *Lebensstil*. Bourdieu übernimmt hierfür die Weber' sche Zweiteilung von Klasse und *Stand* (definiert durch Lebensführung, Erziehungsweise, Berufsprestige u. a.); doch Bourdieu "... versucht diese Unterscheidung wieder aufzuheben: Stände bzw. Berufsgruppen sind... euphemisierte, >sublimierte< Klassen.".[62] Gemeint ist

---

⁵⁹ Ebd., S .13.
⁶⁰ Ebd., S. 14.
⁶¹ BOURDIEU (1970), S. 42.
⁶² FRÖHLICH, S. 43ff.

damit ein Bogenschlag über die subjektive Akteursseite zurück auf die Objektivität der Sozialstruktur mit ihrer Kapitalverteilung.

Doch die Wechselwirkung zwischen Klasse und Lebensstil ist nicht Thema dieser Arbeit; stattdessen ist die erwähnte *Lebensführung* – und zwar als symbolisch- distinktiver Ausdruck von Ungleichheit – umso wichtiger. "... schlägt die Nähe von Soziallagen, und damit von Dispositionen und Einstellungen, sich tendenziell nieder in dauerhaften Bindungen und Zusammenschlüssen – in sozial abgetrennten Regionen... oder in Ensembles von Akteuren mit sehr ähnlichen sichtbaren Merkmalen, wie *Ständen-*, so existieren gesellschaftlich erkannte und anerkannte Unterschiede doch nur für Subjekte... mit der Fähigkeit wie Neigung, die im betreffenden sozialen Umfeld als bedeutsam erachteten Unterschiede auch selber zu *treffen.*"[63] (Hervorheb. i. Orig.) Die soziale Welt weist also den Charakter eines symbolischen Systems von differentiellen Abständen in Form von Distinktionen auf, welche sich in symbolisch unterschiedlichen Lebensstilen darstellen.

Das Thema der sozialen Ungleichheitsverhältnisse kann um den Komplex von symbolisch-distinktiver Lebensführung erweitert werden. "... so wird die Statusidentität... als signifikante Distinktion begriffen. Allerdings geht es hier... um dynamische... Differenzen. Auch für Bourdieu ist... der Ausgangspunkt für Identität [im erkenntnismethodischen Sinn] nicht Einheit, sondern Differenz."[64] Die psychische Identität und soziale Positionierung der Akteure, also ihre *Statusidentität,* ist im übertragenen Sinn ebenfalls nur durch Differenz möglich, und zwar durch Distinktion der subjektiven Lebensstile, welche im Habitus vermittelt werden und sich letztlich in objektiven Strukturen der Klassenfraktionen homolog begründen.

Subjekte sind ständig in Repräsentationsarbeit verwickelt, welche ihre gesellschaftliche Identität durchsetzen soll; die Weltsicht, d.h. auch die klassenfraktionelle und individuelle Wahrnehmung der Welt (als "Klassifizierungsarbeit" auch im Sinne einer Klasseneinteilung gemäß "Arm und Reich"!), ist eine umkämpfte Konstruktion über das Wesen der Gesellschaft. "Die Wahrnehmung von sozialer Welt resultiert aus einer zweifachen gesellschaftlichen Strukturierung: von >objektiver< Seite dadurch, dass die mit den Akteuren oder Institutionen gekoppelten Eigenschaften bzw. Merkmale nicht isoliert, sondern in jeweils höchst ungleich wahrscheinlichen Kombinationen wahrgenommen werden... von >subjektiver< Seite dadurch, dass die... umsetzbaren Wahrnehmungs- und Bewertungs-schemata... das Produkt vergangener symbolischer Auseinandersetzungen darstellen und...

---

[63] BOURDIEU (1995), S. 20.
[64] BOHN/ HAHN, S. 265.

den Stand der symbolischen Kräfteverhältnisse zum Ausdruck bringen."[65] Die Wahrnehmungskategorien wurden aus den objektiven Strukturen inkorporiert und lassen deshalb, wie eingangs schon erwähnt, Institutionen und Strukturen, also letztlich die Klassenschichtung, als "natürlich" erscheinen und verhindern damit, dass die Permanenz der Herrschaftsstrukturen als arbiträr erkannt wird.

Das hier der Marxismus unverkennbar Pate stand, mit Begriffen vom "falschen Bewusstsein, der die Beherrschten niederhält" und der Forderung nach der "Entschleierung", nach "Bewusstmachung als Klasse- für- sich" usw., die daraus folgende "Auflehnung der Beherrschten durch politischen Kampf", springt deutlich ins Auge – nicht zum ersten Mal. Die kritischen Anmerkungen zu Bourdieu' s Affinität zum Marxismus sind Teil des Punktes III. An dieser Stelle soll eine Ungleichheitsanalyse bezüglich der Akteursseite als subjektive Kategorie dargestellt werden, und zwar durch Anwendung der eingeführten Begriffe, hier zunächst des Habitus- Begriffes.

II. 2.) Ungleichheitsforschung: Die Anwendung der Begriffe *Habitus, Kapital* und "Klasse"

II. 2. a) Subjektive Kategorie: Habitus, Lebensstil und Distinktion als Mittel einer Ungleichheitsanalyse

Zunächst soll der Habitus angesprochen werden, der sich über seine empirische Ausprägung in Form eines Lebensstils darstellt. Der Lebensstil ist ein zusammenhängender Komplex von Distanzierungs- und Unterscheidungspräferenzen des Akteurs mit dem Ziel, ein bestimmtes Bild symbolisch darzustellen. Dieser Umstand ist wichtig, denn die Symbolisierung des Habitus ist, wie noch gezeigt wird, in Verbindung mit symbolischem Kapital zu setzen. Auch symbolisches Kapital kann ungleich verteilt sein bzw. ungleich erworben und reproduziert werden. Das *symbolische Kapital* (z.B. institutionalisiert als Sprache; die Ästhetik) dient letztlich als *Unterscheidungs-Zeichen* nicht nur zwischen Akteuren, deren Lebensstilen oder Berufen, sondern auch zwischen Klassen.[66]

---

[65] BOURDIEU (1995), S. 16.
[66] BOURDIEU (1970), S, 20.

Das heißt die Symbolik, z.B. eine geschliffene Wortwahl oder eine exklusive Kleidung, spiegelt die realen ökonomischen Unterschiede der Klassenlagen wieder. Symbolisches Kapital ist das kommunikativ wahrgenommene Kapital als eine Operation der unterscheidenden Bezeichnung: es *ist* die Distinktion.[67] Wer symbolisches Kapital akkumuliert, verstärkt die eigene Distinktion in Form von ästhetischen Geschmacksunterscheidungen, welche Klassenunterscheidungen repräsentieren. Doch dazu später Näheres.

Bourdieu betont, wie die ungleiche Sozialstruktur in symbolischer Form gedoppelt wird, die Symbolik von Habitus und Lebensstil (d.h. Symbolisches Kapital) als Repräsentation objektiver sozialer Differenzen der Schichtung fungiert. Ungleichheit heißt dann, dass sich strukturell-sozioökonomische Klassenunter*schiede* in kommunikativ- ästhetische Symbolunter*scheidungen* transformieren. "Es sieht... aus, als seien die symbolischen Systeme, der Logik ihrer Betriebsweise entsprechend, als Strukturen homologer bzw. gegensätzlicher Elemente oder... als Unterscheidungsmerkmale dazu geschaffen, ein gesellschaftliche Funktion von Trennung und Verbindung zu erfüllen,... die Unterscheidungsmerkmale auszudrücken, die für die Struktur einer Gesellschaft jeweils kennzeichnend sind, indem sie die konstitutiven Elemente dieser Struktur, Gruppen oder Individuen, der *Bedeutungslosigkeit* entreißen."[68] (Hervorheb. i. Orig.)

Wie funktioniert nun die Distinktion hinsichtlich der Ungleichheitsstrukturen? "Die ästhetische Einstellung... bildet eine Manifestation jenes Systems von Einstellungen, dessen Existenz sich gesellschaftlichen Bedingtheiten in Verbindung mit einer ganze besonderen Klasse von Daseinsbedingungen verdankt... Sie stellt... auch den *distinktiven Ausdruck* einer privilegierten Stellung innerhalb des Sozialraumes dar, dessen Unterscheidungswert sich *objektiv* in Relation zu unter anderen Bedingungen erzeugten Manifestationen bemisst. Wie jede Geschmacksäußerung eint und trennt die ästhetische Einstellung gleichermaßen."[69] (Hervorheb. i. Orig.) Eine Distinktion eint als quasi gemeinsames Produkt einer Klassenfraktion (und ihren bestimmten sozioökonomischen Bedingungen) alle Akteure aus dieser selbigen sozioökonomischen Klassenlage. Sie trennt die Akteure aber von anderen Fraktionen durch diese Lage und Position, welche andere nicht besitzen. Dasselbe dialektische Prinzip gilt dann auch für den Geschmack von Akteuren innerhalb einer bereits distinguierten Klassenfraktion, die sich nunmehr untereinander differenzieren: genauso, wie

---

[67] Ebd., S. 22.
[68] BOURDIEU (1970), S. 62ff.
[69] BOURDIEU (1989), S. 104.

Z.B. mehrere Bälle verschiedene Farben besitzen; sie gehören zur Klasse der Bälle, unterscheiden sich aber durch diese geteilte Vorbedingung erst als Bälle mit verschiedenen Farben. Die Unterscheidung wirkt erst mittels des Hintergrundes der Gemeinsamkeit.

Die Ästhetik und Symbolik des Lebensstils zeigt nicht nur das Milieu, die Schicht oder den Bildungsgrad an. Sie sind auch Spieleinsätze, um die "wahre Sicht" auf die Gesellschaft (also ihre Ungleichheitsstruktur) zu produzieren und letztlich zu legitimieren. "Die Wahrnehmung der sozialen Welt ist Gegenstand symbolischer Kämpfe. In diesen symbolischen Kämpfen setzen Akteure das symbolische Kapital ein, welches sie >in den vorausgegangenen Kämpfen errungen haben und das gegebenenfalls juridisch abgesichert wurde<."[70] Symbolisches Kapital des realen Habitus sind immer eine symbolische Macht durch den sog. "metaphysischen Effekt" der *schieren Benennung*[71] , die durch ihre arbiträr *durchgesetzte Anerkennung*[72] als Macht fungiert und dabei aber als die Willkür, die sie ist, verkannt werden kann und auch verkannt wird – so Bourdieu. "Den aufgrund ihrer sozialen Stellung Beherrschten ergeht es auch auf der Ebene der symbolischen Produktion nicht anders; und es ist nicht zu sehen, wie sonst sie an die zur Darstellung ihrer ureigensten Perspektive auf die soziale Welt notwendigen symbolischen Produktionsmittel kommen sollten, würde nicht ein Teil der mit Kultur... professionell Beschäftigten... den Beherrschten Mittel an die Hand geben, die mit den Repräsentationen zu brechen helfen, die, aus dem unmittelbaren Zusammenfallen von sozialen und mentalen Strukturen erwachsend, die fortlaufende Reproduktion der Verteilungsstruktur des symbolischen Kapitals gewährleisten."[73]

II. 2. a a) Die Distinktion durch symbolische Stilisierung

Durch die verinnerlichten und damit *vorreflexiven Distinktionsstrategien*, also Abgrenzungen und Stilisierung des Habitus' in der Praxis, wird eine Differenz zwischen Lebensstilen produziert und damit Ungleichheit zwischen Klassen. Eine *Stilisierung des Lebens*[74] (M. Weber) heißt dann, die Geschmacksunterschiede des Akteurs als Mitglied einer Klassenfraktion zu zeigen und damit reproduktiv zu leben. Abstrakt formuliert: die Form und die Ästhetik dominieren über Inhalt oder Funktionalität.

---

[70] FRÖHLICH, S. 49.
[71] BOURDIEU (1995), S. 39.
[72] BOURDIEU (1989), S. 488 ff.
[73] BOURDIEU (1995), S. 30.
[74] Ebd., S. 21.

Die Strategien der Ungleichheitsproduktion mittels habitusgesteuerter Distinktion bleiben allerdings nicht auf der horizontalen Ebene einer Sozialstrukturanalyse stehen. Stattdessen schlägt Bourdieu mit der Lebensstildistinktion als Ungleichheit wieder einen Bogen zur vertikalen Ungerechtigkeit, die sich letztlich wieder in einem Positionsaufstieg der Akteure im sozialen Raum darstellt. Denn Distinktion im Lebensstil und im Milieu sei immer zielhaft als "Distinktion nach Oben" strategiefähig. Im Habitus zeigt sich konkret ein konsistentes Bild eines bestimmten *Lebensstils* mit spezifischen Wissen, Einstellungen (die Ästhetik!), Praktiken des Handelns und Unterlassens etc. Der Lebensstil steht als Produkt des Habitus in Wechselbeziehung zu ökonomisch- sozialen Bedingungen. Bourdieu meint also *strukturhomologisch*: soziale Ungleichheit wird in der bestimmten Ästhetik des Lebensstils wieder gespiegelt.

Der *Geschmack* ist dabei das psychische Element eines Lebensstils, im Gegensatz zu den Handlungen. Er ist das sozialisierte, ästhetische Gesamtwissen über bestimmte Feld-Praktiken des Stils. Das vorreflexive "Wissen" des Habitus-Geschmackes ist nicht nur evaluativ und interpretativ, sondern auch emotional. Jeder Habitus hat auch Definitionen von *Ekel*, Abscheu und Scham etc., aber auch umgekehrt von Wohlgefühl und *Lust* inkorporiert; beide Positionen, die Intoleranz und Akzeptanz, sind eben nicht eine "persönliche Angelegenheit" eines Individuums, sondern sind Produkt der Positionierung des Akteurs in der Struktur und der daraus abgeleiteten Sozialisation.[75] *Soziale Scham* als vorreflexive "Einsicht" in die klassenmäßige Unterlegenheit entsteht z.B. dann, wenn der Lebensstil eines Habitus symbolisch erkennbar vom Stil der höheren Schichten abweicht, also die positive Distinktion nach oben scheitert und stattdessen eine negative Distinktion nach unten eintritt. Die soziale Ungleichheit wird in der Scham[76] also auch symbolisch reproduziert.

Die Verarbeitung, Interpretation und Evaluation von symbolisch kommunizierter Ästhetik ist eine Frage der Akteurskompetenz, besonders bezüglich Kunst: "Von höchsten Distinktionsvermögen ist das was am besten auf die *Qualität der Aneignung*, also auf die des Besitzers schließen lässt, weil seine Aneignung Zeit und persönliche Fähigkeiten voraussetzt, da es – wie Vertrautheit mit Bildender Kunst... - nur durch... Zeit und nicht rasch oder auf fremde Rechnung erworben werden kann...", denn "Von allen Konvertierungstechniken, mit denen die Bildung... von symbolischen Kapital beabsichtigt ist, kommt der Kauf von Kunstwerken, dieser vergegenständlichten Zeugnisse des >persönlichen Geschmacks<, der untadeligsten und unnachahmlichsten Form von Akkumulation am nächsten, nämlich der

---

⁷⁵ BOURDIEU (1989), S. 105.
⁷⁶ FRÖHLICH, S. 47.

Inkorporation der Distinktionsmerkmale und Machtsymbole in der Form natürlicher >Vornehmheit<, persönlicher >Autorität< oder >Bildung<."[77] (Hervorheb. i. Orig.)

Im symbolischen System, das die Lebensstile des Habitus ausdrücken hilft, wird die Hierarchie der Gesellschaft wiedergegeben; das Symbolsystem ist selbst hierarchisch gegliedert bezüglich eines ranghöchsten Fixpunktes, z.B. der Stil (Mode, Manieren, Sprechweise) der *herrschenden* Klassenfraktion. Ihr Symbolkomplex wird zum alleinigen Maßstab. Doch letzten Endes bleiben den niederen Schichten (seien es die unteren Schichten der Mittelschicht oder die Unterschicht) im Großteil versagt, diese symbolischen Differenzen auszudrücken, weil ihnen die ökonomisch-sozialen Bedingungen das gar nicht gewährleisten. "Das Spiel der symbolischen Unterscheidungen spielt sich also innerhalb des engen Raumes ab, dessen Grenzen die ökonomischen Zwänge diktieren, und bleibt... ein Spiel der Privilegierten... die es sich leisten können, sich die wahren Gegensätze, nämlich die von Herrschaft, unter Gegensätzen der Manier zu verschleiern."[78]

Die Produktion eines Lebensstils, kristallisiert im Habitus, erlaubt dem Akteur eine Klassifizierung seiner selbst und damit auch der Anderen, und zwar nach Oben und Unten des Sozialraumes. Der Lebensstil und der Geschmack *klassifizieren*[79] umgekehrt aber auch den Akteur mittels dessen Position im Feld: eine *Statusidentität* wird produziert. "Vermittelt über die entsprechenden sozialen und ökonomischen Bedingungen, stehen die verschiedenen – mehr oder minder distanzierten und von Emotionen freien - Arten, sich zu den Realitäten und den Fiktionen zu stellen, an die Fiktionen oder die von diesen simulierten Realitäten zu glauben, in engem Zusammenhang mit den diversen möglichen sozialen Positionen und sind dadurch auch weitgehend in die charakteristischen Dispositionssysteme (Habitus) der verschiedenen Klassen... eingebunden. Geschmack klassifiziert, nicht zuletzt den, der die Klassifikation vornimmt."[80]

Der Habitus trägt als psycho- sozialer Mantel die potentiell in Reproduktionshandlungen transformierbaren kognitiven und emotionalen Wahrnehmungskategorien. Der dadurch realisierbare Lebensstil steht aber im *Konkurrenzkampf* mit anderen Stilen, wobei die Marktgesetze gelten. "Die (ökonomisch) unterprivilegierten Klassen erscheinen im Distinktionsspiel >nur als Kontrastmittel<. Der Wert eines Stils hängt dabei stark von seiner *Seltenheit* ab. Ein Stil muß sich notwendiger weise wandeln, >sobald er vollständig verbreitet

---

[77] BOURDIEU (1989), S. 440 ff.
[78] BOURDIEU (1970), S. 72.
[79] FRÖHLICH, S. 45.
[80] BOURDIEU, PIERRE: *Die feinen Unterschiede. Kritik der gesellschaftlichen Urteilskraft*, 3. Aufl., Frankfurt/M. 1989, S. 25.

ist, weil er ein Unterscheidungszeichen ist, das nicht allgemein werden dürfte,... ohne seinen Wert zu verlieren<."[81] (Hervorheb. i. Orig.) Es ergibt sich daraus ein Bild der permanenten Differenzierung, Imitation (Standardisierung) und Kreation durch Neudifferenzierung, was einen neuen, dialektischen Distinktionskreislauf[82] bildet.[83]

II. 2. a b) Das Bild der "Feinen Unterschiede"

So kann man letztlich die Klassenlage und die Distinktionen als Lebensstil-Formen grob in Korrelation setzen. Der proletarische Mangel- und Notwendigkeitsgeschmack[84] im Lebensstil der Unterschicht steht hinter dem sog. imitierenden *Prätentionsstil*[85] der aufstiegsorientierten mittleren Schichten, welche sich an der "Haute- Couture" und "Haute- Culture" der Oberschicht als letzten Maßstab orientieren: eine diskontinuierliche Struktur hierarchisierter Lebensstile. Für die historisch relativ junge, absteigende (oder abstiegsbedrohte) bürgerliche Schicht gilt hingegen der Stil des *Ressentiments*, der "aggressiven" Abneigung als, so könnte man sagen, "negative" Distinktion gegenüber der Messlatte der Oberschicht. Um die verschiedenen Lebensstile de Klassenlage näher zu beschreiben: "Die *unteren Klassen* leben... im >Reich der Notwendikeit<. Ihr Habitus sorgt dafür, dass die Not der Existenzsituation übersetzt wird in die Tugend eines Lebensstils: >Realistischer Hedonismus<, >Materialismus<, Vorliebe für das Praktische sind kennzeichnend. Das *Kleinbürgertum* kämpft angestrengt um die Erfüllung vorgegebener Normen (absteigende Kleinbürger), strebsam um die Aneignung des klassischen Kanons der Hochkultur, verbissen um schulischen Erfolg und Aufstieg (exekutierende Kleinbürger)... nur das >neue Kleinbürgertum< hebt sich durch grelle Penetranz von diesem beflissenem Konformismus ab... >Distinktion< im Sinne des >Anders-sein-Wollens<, des gekonnten Umgehens mit Dingen und Personen, das Bestreben, die eigenen Maßstäbe durchzusetzen und sich nicht an fremde anzupassen, das ist der Habitus der *Bourgeoisie*."[86] (Hervorheb. i. Orig.)

---

[81] Ebd., S. 46.

[82] Diesen Kreislauf in der Mode beschreibt Simmel ähnlich; auch Norbert Elias, allerdings für die Mechanismen am Hofe des französischen Absolutismus (Tischmanieren; Kleidungsmode).

[83] BOURDIEU (1989), S. 391 ff; BOURDIEU (1970), S. 65.

[84] FRÖHLICH, S. 47.

[85] BOURDIEU (1970), S. 22.

[86] HRADIL, S. 115 ff.

Die Chancen und Zwänge eines Lebensstils, in den Distinktionskreislauf erfolgreich einzusteigen, variieren nach Klassenlage der Akteure. Je höher die Klassenlage, desto stärker lässt sich durch Kapitalsorten (hauptsächlich inkorporiertes Kulturkapital als psychische Bearbeitungskompetenz) der *variable Grad der Stilisierung* der Lebensführung erhöhen und ästhetisch- symbolisch ausdrücken. Stilisierungsgrad heißt dann: das Ausmaß an Feinheit, an Zweckfremdheit und an Ästhetik schlechthin, mit dem die kompetenzhabituelle Verarbeitung von Symbolsystemen (z.B. Kunstgenuß) und Ausgestaltung von Lebensweisen gesteuert wird. Die Stilisierung vollzieht sich durch Produktion, Aneignung und Verarbeitungsleistung von z.B. Kunst, Mode, Lifestyle, Design etc.

"Zugleich sind nicht nur die Möglichkeiten, auch der Zwang zur Distinktion ungleichmäßig verteilt. In den mittleren Positionen des sozialen Raumes, insbesondere in der USA, erreichen >die Unbestimmtheit und die objektive Unsicherheit der Beziehungen zwischen den Praktiken und den Positionen ihr Maximum: folglich auch die Intensität der symbolischen Strategien<... Müssen die Oberen nur sein, wie sie sind, merkt man den Aufsteigern die Mühen der Kletterei an... ".[87] Bei einer Unterteilung der bürgerlichen Mittelschicht in "alte und neue Bourgeoisie" heißt das: "In Sprache wie Körperhaltung bestimmt sich bürgerliche Distinktion stets als *entspannt und gespannt* zugleich, als ebenso gewandt in der Haltung wie in der Zurückhaltung... Und fast hat es den Anschein, als ob der Konflikt zwischen alter und neuer Bourgeoisie sich nur darum drehte, welchem der beiden Gegensätze Priorität zukommen soll... ".[88] (Hervorheb. i. Orig.)

II. 2. b) Objektive Kategorien: Die Kapitalien und "Klassen"

"Nach der jeweiligen Zusammensetzung des Gesamtkapitals trennt Bourdieu horizontale Klassen*fraktionen*: Innerhalb der Bourgeoisie ordnet er Menschen mit überwiegendem Finanzkapital dem Besitzbürgertum zu, Gesellschaftsmitglieder mit überwiegendem Bildungskapital gehören dem Bildungsbürgertum an. Innerhalb des Kleinbürgertums scheinen ihm die Klassenfraktionen eher durch die Dimension der Zeit, durch die Zukunftsträchtigkeit der jeweiligen Kapitalstruktur, gegliedert: Bourdieu stellt das alte, absteigende, das exekutive

---

[87] FRÖHLICH, S. 47.
[88] BOURDIEU (1989), S. 490.

und das neue, aufsteigende Kleinbürgertum einander gegenüber. Die Arbeiterklasse sieht Bourdieu unterschiedslos durch den geringen Besitz aller drei Kapitalsorten charakterisiert."[89] (Hervorheb. i. Orig.)

Für die ökonomisch- sozialen Bedingungen als objektive Kategorie gilt, dass Ungleichheit als unterschiedliche reale Verteilung und Aufbau von Kapitalsorten darstellbar ist. Und selbiges gilt für verschiedene potentielle *Chancen* auf Kapital- Erwerb, womit eine Zuordnung der Akteure zu Klassifikationen und Klassenfraktionen möglich wird. Denn Kapitalien sorgen als Möglichkeitsfilter dafür, daß nicht alles zugleich möglich ist; somit wird aus der ungleichen Verteilungsstruktur der Kapitalien die ungleiche Sozialstruktur. Dies verhält sich so, weil die ungleiche Verteilung Grundlage ist für Akkumulation, Reproduktion und Profitschöpfung des Kapitals. Doch Ungleichheit heißt nicht nur ungleicher Besitz, sondern auch ungleiche Verteilung von *Kapitalschulden*, also von Negativkapital. Diese Schulden müssen erst noch abgetragen werden, um auf ein durchschnittliches Besitzniveau des Kapitals zu gelangen.

Als Beispiel wären Schulden des Symbolischen Kapitals zu nennen, manifestiert in "Sprachschulden" (mangelhaftes Vokabular, Sprachform, geringe Lernkompetenz), wie bei Migranten oft gegeben. Die Sprache ist ein Symbolkomplex. Wer das kulturelle Kapital (hier: Kompetenz) besitzt, fehlerfrei und wortgewandt zu sprechen, akkumuliert dadurch Symbolisches Kapital und produziert außerdem Distinktionsstrategien gegenüber Akteuren der Unterschicht, die diesen Produktionskreislauf der Kapitalien nicht durchlaufen haben. Weil Minderheiten statistisch gesehen "kapitalärmer" sind als Nichtmigranten, besitzen sie auch tendenziell weder Zeit (die muss zur Reproduktion der Arbeitskraft im Beruf aufgewandt werden) noch Geld, um sich oder ihren Kindern die Sprache besser beizubringen. Ein enormer Kostenaufwand für zusätzlichen Sprachunterricht an Schulen wäre zum Ausgleich nötig. Der gut bekannte Benachteiligungskreislauf ist beschrieben, denn es kommt keine sprachlich besser gestellte Generation nach, die durch die *soziale Vererbung* von Sprache und Sprachkompetenz *zu Hause* in Verbindung mit ubiquitären Berufschancen den Kreislauf durchbrechen könnte. "Je mehr die offizielle Übertragung von ökonomischem Kapital verhindert... wird, desto stärker bestimmt deshalb die geheime Zirkulation von Kapital in Gestalt der verschiedenen Formen des Kulturkapitals die Reproduktion der gesellschaftlichen Struktur. Das Unterrichtssystem – ein Reproduktionsinstrument mit besonderer Fähigkeit zur Verschleierung der eigenen Funktionen – gewinnt dabei an

---

[89] HRADIL, STEFAN: *System und Akteur*. Eine empirische Kritik der soziologischen Kulturtheorie Pierre Bourdieus. IN: Eder, Klaus (Hg.): Klassenlage, Lebensstil und kulturelle Praxis. 1. Aufl., Frankfurt/M. 1989, S. 114.

Bedeutung, und der Markt für soziale Titel, die zum Eintritt in begehrte Positionen berechtigt, vereinheitlicht sich."[90]

Ein Beispiel soll die Kapitalstruktur eines Akteurs verdeutlichen: Der Habitus eines "freischaffenden Künstlers" besitzt real viel inkorporiertes Kulturkapital, weil er jahrelange Erfahrung und Wissen gesammelt hat. Allerdings als Autodidakt, denn er hat keinen institutionalisierten Abschluß einer Kunstschule, sondern lediglich einen mittleren, allgemeinen. Er besitzt wenig ökonomisches Kapital, weil er zum einen keinem geregelten Beruf mit gutem Gehalt nachgeht, und zweitens weil er als Künstler ökonomisch erfolglos blieb. Aber er besitzt viel Sozialkapital, denn er ist kontaktfreudig, liebt das Nachtleben und hat viele Bekannte in den Künstler- und Intellektuellenkreisen. Deswegen besitzt er potentiell noch mehr Sozialkapital, weil er seinen "guten Namen" in der Szene als Prestige nutzen kann, um noch mehr Leute kennen zu lernen und bekannter zu werden. Er könnte sein Sozialkapital in ökonomisches konvertieren, wenn er Kontakte und Bekanntheit nutzt, um Ausstellungen zu organisieren, auf denen er Bilder verkaufen kann und noch bekannter wird, vielleicht weil dort Personen erscheinen, die selbst sehr bekannt sind. Das würde seine Werke durch Anerkennung der Szene wertvoller machen und auch sein Sozialkapital weiter erhöhen. Das ist aber ein Risiko, denn genauso gut können die Investitionen fehlschlagen: wenn die Ausstellung ein Misserfolg wird, wirft das Sozialkapital keinen Profit ab; nur wenige Besucher kommen und kaufen nur wenig Bilder; die berühmten Personen der Szene erscheinen nicht und werfen dadurch kein Anerkennungskapital ab usw. Somit könnte man zwei verschiedene (für den Akteur entweder günstige oder verlustreiche) Produktionskreisläufe des Kapitals darstellen, jeweils durch denselben Habitus eines "freischaffenden Künstlers der Postmoderne" vermittelt.

II. 2. b a) Kapitalungleichheit und Bildung

Bildung schlechthin als Überbegriff von *Gebildetsein* und *Ausgebildetsein*, ist also von zentraler Bedeutung für die Ungleichheitsforschung Bourdieu' s. Der Beginn des Akkumulationsprozesses von inkorporiertem K.K. wird bei wohlhabenderen Schichten früher möglich, durch zeitaufwendigen Familienförderung, während Kinder der ärmeren Schichten diesen Vorsprung nicht besitzen. Denn die Eltern können sich den Zeitverlust nicht leisten oder besitzen nicht die didaktisch- intellektuelle Kompetenz der Förderung (wenn z.B. ihre

---

[90] BOURDIEU (1983), S. 198.

Eltern auch aus unteren Schichten stammen). Während der Familiensozialisation ist in mittleren und hohen Schichten Zeit vorhanden, um das an Physiologie und Psychologie der Eltern (oder der Geschwister: Multiplikatoreffekt!) geschweißte Kulturkapital freizukaufen und an die Kinder zu vererben. Dieser Vorgang geschieht inoffiziell in der Privatheit[91], im Verborgenen der Familie; er ist also eine stark *verschleierte Form* einer erblichen Übertragung von inkorporiertem K.K. Dabei können nicht nur *Zeitprofite* bezüglich der schulischen Ausbildung entstehen, wenn das Kind familiär gefördert wurde, sondern bei unteren Schichten auch *Zeitschulden*, wenn z.B. Kinder wenig Zeit mit Eltern verbringen, weil diese eben lange arbeiten müssen.

Die sog. *working poor* beispielsweise, die mehrere Minijobs zugleich als sog. Neue Dienstleistungen verrichten müssen, haben keine Zeit für ihre Kinder, kaum Geld für Nachhilfe etc. Es gilt für die Kinder, "... dass ein Individuum die Zeit für die Akkumulation von kulturellem Kapital nur so lange ausdehnen kann, wie ihm seine Familie freie, von ökonomischen Zwängen befreite Zeit garantieren kann."[92] Delegation ist hierbei ausgeschlossen, denn das Kind muss die Lernerfahrungen nun mal selbst machen; man kann außerdem "Bildung" nicht wie ein Kunstwerk verschenken.

Die *Zeit,* oder: die Dauer des Bildungserwerbes, ist ein Dreh- und Angelpunkt der Reproduktion von Ungleichheit. Weil Kapitalsorten *träge* und *eigendynamisch* sind, reproduziert sich nicht nur das Kapital, sondern auch Strukturen der Ungleichheit. Die Trägheitsannahme des Kapitals könnte man aber auch auf den Habitus übertragen. Dieser "sucht" sich die bestimmten Felder, auf die er bereits während der Sozialisation präkonditioniert[93] wurde. Dieses Phänomen hemmt die soziale Mobilität nach Oben, denn wer diese Inkorporierungen beim Eintritt ins Berufsleben nicht besitzt, ist mit dem bescheidener zugeschnittenen Habitus geringer anpassungsfähig bezüglich Felder; für manche Felder mag dieser Habitus überhaupt nicht geeignet sein. Entsprechend schlechter sind die Berufschancen des Habitus.

---

[91] Ebd., S. 197ff.
[92] Ebd., S. 188.
[93] BOHN/ HAHN, S. 260 ff.

II. 2. b b) Machtstrukturen

Der bloße Kapitalbesitz bevorzugt die besitzenden Herrschenden in zweifacher Weise. Einerseits durch Besitz an sich und dann auch noch durch die größere Chancen auf Akkumulation und Profitschöpfung. Das Kapital ist letzten Endes in Macht konvertierbar, auch wenn damit Kapitalschwund und Verschleierungskosten verbunden sind. Die Kapitalverteilung entspricht dann immer der Machtverteilung, und mit der Größe der Macht (z.B. der symbolischen Macht der Massenmedien, aber auch der der Distinktion im Lebensstil) nimmt auch die Chance der Verschleierung und Legitimierung[94] der Kapitalverhältnisse zu, welche ja diese Macht in Kapitalform erst produzieren. "Die Struktur des Feldes gibt den Stand der Machtverhältnisse zwischen den am Kampf beteiligten Akteuren oder Institutionen wieder bzw. ... den Stand der Verteilung des spezifischen Kapitals, das im Verlauf früherer Kämpfe akkumuliert wurde und den Verlauf späterer Kämpfe bestimmt... Das Objekt der Kämpfe, die im Feld stattfinden, ist das Monopol auf die für das betreffende Feld charakteristische legitime Gewalt, das heißt... der Erhalt bzw. Umwälzung der Verteilungsstruktur des spezifischen Kapitals."[95]

Wenn aber die Sozialstruktur der Gesellschaft als Machthierarchie darstellbar ist, die sich nicht durch "objektive" Kriterien (welcher Form auch immer) konstituiert, sondern durch die sozial- konstruierte Zubilligung und Zuweisung von symbolischer vermittelter Anerkennung, dann ist Sozialstruktur und Ungleichheit willkürlich. Und zwar willkürlich im Sinne der subjektiven, vom Grundprinzip her beliebigen Konstruktion von Anerkennung durch Akteure "im praktischen Sinne" ihres ethnologischen Kulturrahmens. Dasselbe gilt für das Kapital. "Der *arbiträre* Charakter der Aneignung zeigt sich nirgends deutlicher als bei der Übertragung von Kapital, vor allem bei der Sukzession, einem kritischen Moment für jede Macht. Jede Reproduktionsstrategie ist deshalb unausweichlich auch eine Legitimationsstrategie, die darauf abzielt, sowohl die exklusive Aneignung wie auch ihre Reproduktion sakrosankt zu machen."[96] (Hervorheb. i. Orig.) Für die Ungleichheitsperspektive der individuellen Akteure heißt dies alles: somit "... entscheiden Kapitalien eindeutig über deren Plazierung (sic!) im sozialen Raum, d.h. auch über deren Klassenzugehörigkeit und Chancen in den Klassifikationskämpfen."[97] Der Habitus jedes

---

[94] BOURDIEU (1983), S. 198.
[95] BOURDIEU (1993), S. 108.
[96] BOURDIEU (1983), S. 198.
[97] BOHN/ HAHN, S. 264.

Akteurs fungiert hierbei als Mediatorvariable zwischen Kapital-Konto und der "Klassenposition".

III. Kritische Reflexion: *Wieweit Bourdieu beim Wort nehmen?*

Es dreht sich um die Frage, ob und wie weit in welchen Punkten Bourdieu die Ungleichheitsanalyse entlang der horizontalen (subjektive) und vertikalen (objektive) Dimensionen mit seiner Gesellschaftstheorie erfolgreich voranbringt. Bourdieu versucht den Brückenschlag zwischen Handlungstheorie und Strukturtheorie, um den alten soziologischen Antagonismus zwischen Akteur und Gesellschaft zu lösen. Beide Aspekte werden integriert, ein Kreislaufmodell wird gebildet, auch die verschiedenen Epistemologien (deduktiver Strukturalismus und empirische Handlungstheorie) sollen synthetisiert werden. Die Transformationen der Kulturgeschichte eines konkreten Gesellschaftsraumes (z.B. Frankreich in den 1980ern) bilden dann einen wichtigen Bezugsrahmen. Ein großes Programm wird entworfen, das in seinem Umfang sicherlich dem Anspruch einer universellen Gesellschaftstheorie entsprechen kann.

Doch damit ist Bourdieu nicht allein. Sein Ansatz ist in seiner Methodik nicht neu, auch wenn inhaltliche Begriffe differieren, und das nicht nur alleine in der Bezeichnung derselben Phänomene. Die Parallelen zu Marx sind unverkennbar: Herrschaftsverhältnis, Arbeitskraft, Kapital, Arbeiterbewußtsein, die Ökonomie als treibende kraft und als Prinzip u. v. m. Doch andere Übereinstimmungen gibt es auch mit der Zivilisationstheorie von Norbert Elias. Dessen Theorie bietet denselben Mikro- Makro- Link wie Bourdieu; die historische Kultur bietet dem Akteur einen Handlungsrahmen in Gestalt von sog. Figurationen, als Mediator zwischen Person und Struktur. Letztere wird in der Sozialisation ebenfalls bis ins Triebleben des Menschen verinnerlicht, dieser kann damit wieder Gesellschaft reproduzieren. Individuum und Gesellschaft sind vorab bereits identisch, denn es gibt schließlich nur die Menschen im Plural und kein einzeln existenzfähiges Individuum, so Elias. Der reziproke Austausch, die Interdependenzverflechtungen, sind anthropologisch unentbehrlich für Menschen. Auch hier erstaunliche Übereinstimmung mit Bourdieu, der die sozialen Austauschakte der Praxis betont. Die Ökonomik schimmert bei beiden, Bourdieu und Elias, in den Mechanismen prozeßhafter Entwicklungen (=Transformationen!) oftmals durch. Z.B. die Monopolisierung in den Strukturen (z.B. von Macht), die Inflationierung von Modestilen, die Kreislaufschraube aus Imitation, Differenzierung und verstärkter Differenzierung in der Mode, ebenso das unbewusste strategische Handeln (am französischen Hofe), welches fast schon als Rationalisierung (= praktische Feldstrategien) funktioniert usw. Doch die Übereinstimmungen und Ähnlichkeiten mit anderen Theorien sind aus der Sicht dieser Arbeit eigentlich nur zweitrangig von Bedeutung.

Bourdieu' s gesamtes Theoriegebäude ist für die Anwendung auf die Fragestellung nach Ungleichheit in der Postmoderne schwierig, wenn man seine Begriffe und Methode selbst beim Wort nimmt. Allerdings *nur* dann – und zwar, weil sein Ansatz als sicherlich sogar erweiterbare middle- range- theory eine generelle Anwendung auch außerhalb der Ungleichheitsforschung erfahren kann. Doch ich bin der Meinung, dass die von Bourdieu angelegten Begriffe (hier: Habitus, Kapital und "Klasse") in ihrer klar abgegrenzten Anwendung für die Ungleichheitsforschung zu aufwendig und letzten Endes überflüssig sind. Aber nur, wenn man diese Begriffe und ihren theoretischen Bezugsrahmen extrapoliert. Denn dann wird erkennbar, welche Widersprüche Bourdieu überwinden will und indirekt selbst aufbaut, was die Ungleichheitsfrage jedoch in Verwirrung führt und sie verkompliziert. Dies will ich nun genauer begründen.

Die Affinität mit K. Marx wurde mehrmals angesprochen. Diese Nähe bezieht sich zum einen auf den normativen und politischen Anspruch, eine Gesellschaftstheorie anzubieten, welche hinter die "Herrschaftsideologie" blicken und die Ungerechtigkeitsstrukturen "durchschauen" kann. Die "Erweckung" des vormals durch Internalisierung der Legitimationsanerkennung verwirrten Bewußtseins soll dann zum politischen Umbruch und damit wohl zum Ende von Ungleichheit führen. Dieser Ideologiekritizismus ist nicht nur höchst moralisiert und damit meiner Meinung nach unwissenschaftlich, sondern in Methodik ebenso traditionell und altbekannt: der wissenschaftliche Sozialismus wollte ja auch ein universelles Programm liefern, welches den "Schleier über den wahren Herrschaftsverhältnissen herunterreißt" – implizierend, die letzte objektive Wahrheit positivistisch gefunden zu haben. Diese Aspekte der Bourdieu' schen Errettungsphilosophie sollte man getrost *links* liegen lassen. Der selbstreflexive Soziologie ist schließlich nicht gleich *rechts*, wenn er eine klare Kennzeichnung Bourdieu' s als rein politische Theorie fordert. Daß besonders in der Ungleichheitsanalyse auch die induktivste Eingangsdefinition (z.B. die Definition von "arm") bei statistischen Erhebungen bereits eine a- priori- Annahme aufweist, ist bekannt. Soweit zum Thema "unbefleckte Erkenntnis"; doch man muss unterscheiden zwischen einer forschungsmethodisch begründeten Entscheidung für eine Definition und der politischen Meinung. Das Wissen um die Anfälligkeit von Definitionen gegenüber Ideologie (die selbstverständlich nicht vor Soziologen halt macht) sollte stattdessen eine permanente kritische Selbstüberwachung fordern. Insofern sollte man aber vielleicht strukturell- selbstreflexiv Bourdieu auf Bourdieu anwenden und ihn als "Entschleierungs-ideologen" erkennen.

Bourdieu steht in punkto Kapitalien, dem Produktionsbegriff und dem Ökonomiegedanken eng neben Marx. In der Erweiterung des Kapitalbegriffes um die Sozial- und Kulturdimensionen geht Bourdieu sicherlich soziologisch (statt ökonomisch wie Marx) weiter voraus. Doch meiner Meinung nach ergeben sich deshalb Schwierigkeiten für Bourdieu. Das Kulturkapital ist so breit gefasst, dass nahezu alles in diese Kategorie fällt, was, zugespitzt formuliert, nicht als Geld, als Beziehung zu anderen Personen oder als sprachlich-ästhetischer Ausdruck (Symbole) definiert werden kann. "Die Bildung" als Oberbegriff für Ausgebildetsein und Gebildetsein ist dann einfach als Kulturkapital zu setzen. Diese Kategorie ist viel zu allgemein und kategorial konstruiert, zu wenig spezifisch, als dass sie noch angreifbar wäre, indem empirische Beispiele zu finden wären, die sich nun nicht mehr als eine der drei Kapital-Sorten bezeichnen ließen. Somit ist der Kapitalbegriff immunisierbar. Auch die Dreiteilung in inkorporiertes, objektiviertes und institutionalisiertes Kulturkapital hilft da nicht viel weiter, auch wenn sie eine Präzisierung erlaubt. Das Problem bleibt: ebenso wie sich beliebig viele sich ausdifferenzierende Felder, Klassenfraktionen und Strukturen bilden lassen, besitzen sie je spezifische Kapitalsorten. Das sog. politische Kapital z.B. gilt schlicht als Unterform des Sozialkapitals. Wieder wirken die Konstruktkategorien, die alles erklären, weil sich ihnen alles zuordnen lässt. Auch kann man anscheinend beliebig viele neue Kapitalien erfinden, solange sie nur in die drei Oberkategorien passen, wie das Beispiel zeigt.

Bourdieu betont den arbiträren und willkürlichen Charakter der Zubilligung von Anerkennung. Auf dieser ethnogenen, handlungsbedürftigen und sozialkonstruierten Anerkennung beruhe der letzte Grund von offiziell legitimen Gesellschaftsstrukturen, ihren Feldern (illusio, croyance), der spezifischen Gültigkeit von Kapitalsorten, ihrer Wechselkurse etc., auch wenn man darüber objektive Gesetze (Energieerhaltung, Ökonomistische Prinzipien, Machtdominanz, Zeit als universelle Maßeinheit…) als Folie der Erkenntnis und "Entschleierung" legen kann. Wenn dieser sozialkonstruktive Charakter auch so gilt, dann lässt sich für den Wert von Kapitalien in verschiedenen Lebenswelten und Milieus, die sich von anderen kulturell abgrenzen, kein einheitlicher objektiver Maßstab anlegen. Denn die Zubilligung von Anerkennung eines Milieus kann in diesem Falle nicht nur den Wert einer

Kapitalsorte oder ihres manifesten Objektes als Null definieren, was sich ja wieder lediglich als inverses, negatives Kapital beschreiben lassen könnte, als ethnologische Vielfalt. Sondern der Kapitalbegriff wird nutzlos, wenn man die Kapitalien selbst als eine Form von industriell-materialistischen *Besitzdenken* (eben der Besitz an Kultur, an Beziehungen usw.) entschleiert, das von Bourdieu als Kulturprofit der Akkumulation soziologischen Kapitals in Form der Marxistischen Theorie kulturpraktisch für die Postmoderne angeeignet und reproduziert wurde. Denn genauso wenig wie die arabischen Befreiungskämpfer in Algerien der 50er das Wort "Freiheit" verwenden konnten, weil ihr Kulturhorizont den Begriff nicht *kannte* (um nicht schon wieder den Begriff "besitzen" zu verwenden...) – sie mussten das koloniale Wort "l' independance" oder "l' liberte" kopieren - genauso wäre dann der Kapitalbegriff als deduktive Erklärungskategorie nicht zwangsläufig als universell anzunehmen. Die Eskimos z.B. kennen dutzende Begriffe für Schnee*sorten*, was ihr Leben in ihrem unwirtlichen Lebensraum ebenfalls stark strukturieren dürfte. Bei uns hingegen kennt man vielleicht nur eine handvoll Arten. Auch in Zentralafrika der 60er Jahre musste, um beim ersten Beispiel zu bleiben, der Begriff der "individuellen Freiheit" für die Unabhängigkeitsideologie aus der Kolonialsprache importiert werden. Insofern handelt sich Bourdieu bei diesem epistemologischen Spagat zwischen Sozialkonstruktion und Strukturkategorie Probleme ein.

Das ethnologische und historische Konzept Bourdieu' s impliziert eine Kulturgebundenheit, welche einen übergreifenderen Weg zur Ungleichheitsanalyse zwar nicht verhindert, aber deutlich einengt. Seine Studien sind auf das Frankreich der 70er und 80er Jahre beschränkt, also nur innerhalb eines bestimmten Zeit- und Kulturraumes gültig. Das heißt nicht, dass man Ungleichheitsanalyse ohne empirische Fundierung leisten sollte, aber der induktiv- empirische Ansatz und Anspruch Bourdieu' s muss mehr als nur diesen Ausschnitt der französischen Sozialstruktur fordern. Die Generalisierbarkeit der empirischen Daten ist problematisch. Die BRD im Jahre 2004 ist sicher zu unterscheiden von Frankreich Mitte der 70er, und zwar sicher auch bezüglich des horizontalen Kulturaspektes. Eine Lösung wäre, den Kulturrahmen auszusparen und die ökonomische Dimension zu fokussieren.

So könnte man an diesem Punkt auf die materialistische Seite wechseln, und die ethnogene Sinnkonstruktion völlig beiseite schieben. Die bereits mehrmals angesprochene Inkonsistenz und Inkonsequenz (bzw. Unschärfe) in Bourdieus Methodik kann vielmehr als Widerspruch erscheinen. Einerseits wird der Emergenzcharakter von Feldern und Kapitalien (auch von

Relationensystemen) betont. Sie sind irreduzible Systeme mit eigenständigen Eigenschaften und Gesetzen. Doch dann wird in alter marxistischer Tradition immer wieder die Hintergrundvariable der ökonomischen Dimension als letztes Reduktionsziel bezüglich der Lebensstile, Distinktionen und Kapitalsorten gesetzt. Die sozial Lage und die Ungleichheit werden mit einem enormen Programm auf Strukturen zurückgeführt, welche sich über Felder, ihre Gesetze und über Kapitalbesitz beschreiben lassen. Doch die letzte Dominanz hat das Machtfeld, und alle Kapitalien sind immer in Geld konvertierbar bzw. euphemisieren doch nur ihren Geldursprung; und schließlich ist ja Geld praktisch mit Macht gleich zu setzen. Wer Geld hat, kann sich dann die Massenmedien kaufen (oder Sendezeit in ihnen) und auch noch symbolischer Kapitalist werden. Bei dieser letztendlichen Eindimensionalität von sozialer Positionierung und Ungleichheit, bei der Unterlassung, den Spagat zu lösen und der horizontalen Emergenz von Lebensstilen und Milieus der Postmoderne ohne den heimlichen Bogenschlag zur Ökonomie gerecht zu werden, muss die Frage aufkommen: ist dieses gesamte Programm Bourdieu' s dann nicht überflüssig, wenn man soziale Ungleichheit unter dem rein ökonomischen Aspekt analysieren will?

Man sollte pragmatischer vorgehen und konsistent den Ökonomismus forcieren, um Ungleichheit zu bestimmen. Insofern kann man vieles am Marxismus wieder aufgreifen, auch wenn die Ideologie, die strikte Klasseneinteilung, der historisch- idealistische Hintergrund usw. als normativ und metaphysisch ignoriert werden muss. Denn es stellt sich auch die Frage, inwiefern der ungleich verteilter Besitz an Sozialkapital, oder an Formen des Kulturkapitals (z.B. das inkorporierte), in eine **statistische Quantifizierung** überführt werden kann. Wie soll man inkorporierte Kultur als Maßzahl von Besitz an Bildung operationalisieren und Akteure vergleichen? Höchstens ein Ausbildungzertifikat und –grad kann helfen, auch wenn diese nicht ohne weiteres mit Geld gleich zu setzen sind. Auch das Sozialkapital kann kaum gemessen werden. Wenn jemand mehr Leute kennt, oder bekannter ist als andere, wie viel Kapital ist das genau? Welche Definition von "Bekanntheit" oder von "gutem/ schlechtem Ruf" gilt? Der gute Ruf für die einen ist das soziale Aus für die Anderen. Ab wieviel Bekannten ist man sozialkapitalmäßig reich oder arm? Und: Wenn sich Kapital aber aus verschiedenen Gründen nicht in Geld ummünzen läßt, kann man vieles an Sozial- und Kulturkapital als irrelevant bezeichnen, um Ungleichheit zu erkennen. Die Zuteilungen an Kapital sind durch Bourdieu nur aufs gröbste möglich; so besitzt zweifelsohne ein Mittelschullehrer mehr Kulturkapital als ein kleiner Postangestellter, was sich dann im Lebensstil anhand von Genussvariationen (z.B. der Musikrichtungen) auch horizontal niederschlägt. Wenn die Klassenlage den Habitus derart determiniert, wie es Bourdieu darlegt, und damit auch den Lebensstil, spart man sich besser den Bogen von der horizontalen Distinktion zurück auf ungleiche Klassenpositionen und konzentriert sich wieder auf das gut messbare ökonomische Kapital.

Hieran lässt sich auch die Frage anschließen, wo die Kreativität und Entscheidungsfreiheit der Subjekte bleibt, wenn letztlich doch wieder die Struktur als Determinante ausschlaggebend ist. Das ist deshalb problematisch, weil Bourdieu erklärtermaßen auch die mikrosoziologische Akteursperspektive integrieren möchte und dies im Ansatz auch beginnt. Doch übrig bleibt wieder ein indifferenter Spagat, wenn er den Menschen als "automate spirituel" bezeichnet, der die internalisierten Strukturen der Sozialwelt dann in einer Objektivierung scheinbar im Handlungsfreiraum strukturieren kann. Aber nur scheinbar, denn auch ein kreativer Automat ist nur ein Automat. Die Strukturen bleiben bei Bourdieu übermächtig, das Subjekt wird zum handelnden Agenten des Auftraggebers der Struktur. Bis in die letzte Faser der Physiologie hinein brennen sich kognitive und emotionale Zurichtungen der Umwelt (bis hin zur prinzipiellen Wahrnehmung der Welt), die Handlungsstrategien sind sowieso vorreflexiv und funktionieren nur in praktisch sinnhafter Koppelung mit den Feldstrukturen. Fremdgesteuerter kann das Subjekt kaum sein.

Das Sozial- und Kulturkapital muss nicht zwingend in die Ungleichheitsbestimmung einfließen. Man kann Bourdieu' s Anliegen einer Ökonomie der Praxis dennoch realisieren und z.B. das oft benutzte Nettoäquivalenzeinkommen als Instrument heranziehen – das würde viel theoretisch- methodische Verwirrung und Inkonsistenz ausblenden. Allerdings nur, wenn man explizit keine allgemeine Soziologie betreibt, sondern eine empirisch fundierte Ungleichheitsanalyse, welche die vertikale Ungleichheit betont und die horizontale zwar als real vorhanden und emergent akzeptiert, sie aber als notwendiges, lebensweltliches Vehikel für soziale Mobilität ansieht. Lebensstile und Milieus bzw. kulturspezifisches Handeln, werden dann unter ihrem Aspekt des ökonomischen Resultats für sozialmobile Akteure interessant, z.B. in Form von Sparsamkeit, Eigenproduktion, Reparieren oder Konsumverhalten.

Literaturverzeichnis

BOHN, CORNELIA/ HAHN, ALOIS: *Pierre Bourdieu.*
IN: Kaesler, Dirk (Hg.) : Klassiker der Soziologie. Von Talcott Parsons bis Pierre
Bourdieu, 1. Aufl., München 1999, Bd. 2, S. 252- 271.

BOURDIEU, PIERRE: *Die feinen Unterschiede.* Kritik der gesellschaftlichen Urteilskraft,
3. Aufl., Frankfurt/M. 1989.

BOURDIEU, PIERRE: *Zur Soziologie der symbolischen Formen.* 1. Aufl., Frankfurt/M. 1970,
Kap. I, II, IV.

BOURDIEU, PIERRE: *Ökonomisches Kapital, kulturelles Kapital, soziales Kapital.*
IN: Kreckel, Reinhard (Hg.): Zur Theorie sozialer Ungleichheiten. Göttingen 1983,
S. 183- 198.

BOURDIEU, PIERRE: *Sozialer Raum und "Klassen" - Lecon sur la Lecon.* 3. Aufl., Frankfurt/M.
1995, S. 7- 44.

BOURDIEU, PIERRE: *Soziologische Fragen.* 3. Aufl., Frankfurt/M. 1993, S. 107- 114

FRÖHLICH, GERHARD: *Kapital, Habitus, Feld, Symbol.* Grundbegriffe der Kulturtheorie bei
Pierre Bourdieu.
IN: Mörth, Ingo/ Fröhlich, Gerhard (Hg.): Das symbolische Kapital der Lebensstile.
Zur Kultursoziologie der Moderne nach Pierre Bourdieu, Frankfurt/M. 1994, S. 31- 54.

HRADIL, STEFAN: *System und Akteur.* Eine empirische Kritik der soziologischen Kulturtheorie
Pierre Bourdieus. IN: Eder, Klaus (Hg.): Klassenlage, Lebensstil und kulturelle Praxis.
1. Aufl., Frankfurt/M. 1989. S. 111- 143.